L'ESSENTIEL

4e secondaire mathématique

Jean-François Bédard

CAR
ACT
ÈRE

Mise en page et couverture: Bruno Paradis
Illustration de la couverture: istockphoto.com
Révision: Anik Tia Tiong Fat
Correction d'épreuves: Richard Bélanger
Consultation pédagogique: Donald Rousson

Imprimé au Canada

ISBN : 978-2-89642-326-2
Dépôt légal – Bibliothèque et Archives nationales du Québec, 2010

Nous reconnaissons l'aide financière du gouvernement du Canada par l'entremise du Fonds du livre du Canada pour nos activités d'édition.

Visitez le site des Éditions Caractère
editionscaractere.com

table des matières

»»»»»»»»»»»»»»»» index de l'aide-mémoire

Vous trouverez dans cet aide-mémoire un résumé des notions que vous étudiez dans votre classe de mathématique de 4e secondaire, séquence Technico-sciences (TS).

Propriétés des exposants et des logarithmes

Lois des exposants et des logarithmes

Lois des exposants	Lois des logarithmes
$a^0 = 1$	$\log_a p = m \leftrightarrow a^m = p$
$a^1 = a$	
$a^{-n} = \frac{1}{a^n}$	
$\sqrt[n]{a} = a^{\frac{1}{n}}$	$\log_{10} p = \log p$
$\sqrt[n]{a^m} = a^{\frac{m}{n}}$	
$a^m \bullet a^n = a^{m+n}$	$\log_a m^n = n \log_a m$
$a^m \div a^n = a^{m-n}$	
$(ab)^n = a^n b^n$	$\log_a m = \frac{\log m}{\log a}$ (loi des changements de base)
$(a^m)^n = a^{mn}$	
$\left(\frac{a}{b}\right)^n = \frac{a^n}{b^n}$	

Équations et inéquations exponentielles

Pour résoudre une équation ou une inéquation exponentielle, il suffit d'appliquer le logarithme de base 10 de chaque côté de l'équation et d'utiliser les lois des exposants et des logarithmes.

Exemple

$$\left(\frac{1}{4}\right)^{2x} = 4^{10}$$

$$\log\left(\frac{1}{4}\right)^{2x} = \log 4^{10}$$

$$2x \bullet \log\left(\frac{1}{4}\right) = 10 \log 4$$

$$x = \frac{10 \log 4}{2 \log\left(\frac{1}{4}\right)} = -5$$

Opérations sur des expressions algébriques

Multiplication de deux polynômes

Lors de la multiplication d'un premier polynôme par un second, il suffit de distribuer chacun des termes du premier polynôme sur ceux du second. L'expression algébrique sera finale lorsque les termes obtenus semblables auront été additionnés ou soustraits.

Exemple

$$\begin{aligned}
&(3ab + a - 8)(3ab - 2)\\
&= (3ab \cdot 3ab) + (3ab \cdot \text{-}2) + (a \cdot 3ab) + (a \cdot \text{-}2) + (\text{-}8 \cdot 3ab) + (\text{-}8 \cdot \text{-}2)\\
&= 9a^2b^2 - 6ab + 3a^2b - 2a - 24ab + 16\\
&= 9a^2b^2 - 30ab + 3a^2b - 2a + 16
\end{aligned}$$

Division d'un polynôme par un binôme

Exemple

$$\begin{array}{r|l}
2a^2 + 5a + 4 & a + 1 \\ \cline{2-2}
-\,(2a^2 + 2a) & 2a + 3 \text{ reste } 1 \\ \cline{1-1}
3a + 4 & \\
3a + 3 & \\ \cline{1-1}
1 &
\end{array}$$

Exemple

$$\begin{array}{r|l}
8x^3 + 8x^2 - 4x + 3 & 2x + 3 \\ \cline{2-2}
-\,(8x^3 + 12x^2) & 4x^2 - 2x + 1 \\ \cline{1-1}
\text{-}4x^2 - 4x + 3 & \\
-\,(\text{-}4x^2 - 6x) & \\ \cline{1-1}
2x + 3 & \\
-\,(2x + 3) & \\ \cline{1-1}
0 &
\end{array}$$

Factorisation de polynômes

Mise en évidence double

Exemple

$$\begin{aligned}
&2x^2 + 4x + xy + 2y\\
&= 2x(x + 2) + y(x + 2)\\
&= (2x + y)(x + 2)
\end{aligned}$$

Différence de carrés

Exemple

$$\begin{aligned}
&4x^2 - 36y^2\\
&= (2x + 6y)(2x - 6y)
\end{aligned}
\qquad \left(\sqrt{4x^2} = 2x \text{ et } \sqrt{36y^2} = 6y\right)$$

Trinôme carré parfait

Exemple

$$\begin{aligned}
&9x^2 \pm \underline{24x} + 16\\
&= (3x \pm 4)^2
\end{aligned}
\qquad \left(\sqrt{4x^2} = 3x \text{ et } \sqrt{16} = 4\right) \qquad \text{et } \pm 2 \cdot 3x \cdot 4 = \pm\, \underline{24x}$$

Fractions rationnelles (simplification)

Exemple

$$\frac{x^2-4}{x^2-4x+4}=\frac{(x+2)(x-2)}{(x-2)^2}=\frac{x+2}{x-2}$$

Fractions rationnelles (opérations mathématiques)

Exemple

$$\frac{2}{x+2}+\frac{x}{(x+2)^2}=\frac{2(x+2)+x}{(x+2)^2}=\frac{2x+4+x}{(x+2)^2}=\frac{3x+4}{(x+2)^2}$$

Inéquations du 1er degré à deux variables

Pour résoudre une inéquation du premier degré à deux variables, il est nécessaire de la transformer sous l'une des quatre formes suivantes :

Forme 1	$y < ax + b$
Forme 2	$y \leq ax + b$
Forme 3	$y > ax + b$
Forme 4	$y \geq ax + b$

Voici les étapes à suivre pour résoudre une telle inéquation :

1) Transformer l'inéquation sous l'une des quatre formes énumérées ci-dessus.

2) Tracer la droite de l'équation $y = ax + b$ dans un plan cartésien :

   a) si le symbole de l'inéquation est < ou >, la droite est représentée par un trait pointillé ;

   b) si le symbole de l'inéquation est ≤ ou ≥, la droite est représentée par un trait plein.

3) Hachurer la zone correspondante délimitée par la droite :

   a) si le signe de l'inéquation est < ou ≤, la zone hachurée se situera au-dessous de la droite ;

   b) si le signe de l'inéquation est > ou ≥, la zone hachurée se situera au-dessus de la droite.

Si l'on multiplie ou divise les deux membres d'une inéquation par un nombre négatif, on inverse le sens de l'inéquation.

Exemple

Déterminer l'ensemble solution de l'inéquation $-y + 2x \geq -1$.

$-y \geq -2x - 1$
$y \leq 2x + 1$
Pente = 2
Ordonnée à l'origine = 1

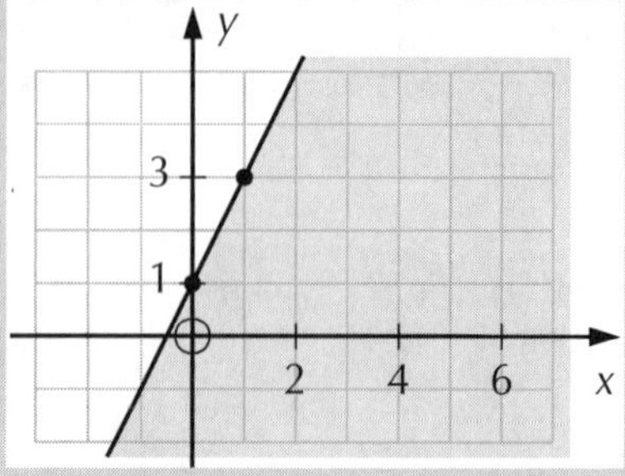

Systèmes d'équations du 1er degré à deux variables

Méthode par comparaison

La méthode par comparaison s'applique particulièrement (mais non exclusivement) lorsque le système d'équations se présente comme suit :

$$y = a_1x + b_1$$
$$y = a_2x + b_2$$

Exemple

Équation 1 : $y = 2x + 6$
Équation 2 : $y = -2x + 4$

y (équation 1) = y (équation 2)
$2x + 6 = -2x + 4$
$4x = -2$
$x = -0,5$

Équation 1 : $y = 2x + 6 = 2(-0,5) + 6 = 5$

$(x, y) = (-0,5, 5)$

Méthode par substitution

La méthode par substitution s'applique particulièrement (mais non exclusivement) lorsque le système d'équations se présente comme suit :

$$y = a_1x + b_1$$
$$x = a_2y + b_2$$

Exemple

Équation 1 : $y = 3x - 8$
Équation 2 : $x = 2y - 1$

Si l'on remplace la variable x de l'équation 1 par $(2y - 1)$, soit la valeur de la variable x dans l'équation 2 ; on obtient :

Équation 1 :
$$y = 3(2y - 1) - 8$$
$$y = 6y - 3 - 8$$
$$-5y = -11$$
$$y = 2{,}2$$

Équation 2 : $x = 2y - 1 = 2(2{,}2) - 1 = 3{,}4$

$(x, y) = (3{,}4,\ 2{,}2)$

Méthode par réduction ou méthode d'élimination

La méthode par réduction ou d'élimination s'applique particulièrement (mais non exclusivement) lorsque le système d'équations se présente comme suit :

$$a_1x + b_1y = c_1$$
$$a_2x + b_2y = c_2$$

Exemple

Équation 1 : $2x + 4y = 5$
Équation 2 : $3x + 5y = -12$

Si l'on multiplie chaque terme de l'équation 1 par -3, et chaque terme de l'équation 2 par 2 ; on obtient :

$$-6x - 12y = -15$$
$$6x + 10y = -24$$

Si l'on additionne les deux membres des deux équations ; on obtient :

$$(-6x - 12y = -15)$$
$$+ \quad (6x + 10y = -24)$$

$$-6x - 12y + 6x + 10y = -15 - 24$$
$$-2y = -39$$
$$y = 19{,}5$$

Équation 1 :
$$2x + 4y = 5$$
$$2x + 4(19{,}5) = 5$$
$$2x + 78 = 5$$
$$2x = -73$$
$$x = -36{,}5$$

$(x, y) = (-36{,}5,\ 19{,}5)$

Équations et inéquations avec racine carrée

Dans une équation ou une inéquation contenant une racine carrée, il est important de s'assurer que la solution respecte la condition de départ : l'expression sous le radical doit être supérieure ou égale à 0. De plus, la racine carrée d'un nombre est toujours positive. De plus, il est bon de vérifier chaque solution dans le problème original. Il se peut qu'une solution soit inadmissible.

Exemple

$2\sqrt{x} = 10$; Condition : $x \geq 0$

$\sqrt{x} = 5$

$\left(\sqrt{x}\right)^2 = 5^2$

$x = 25$

Vérification

$MG = 2\sqrt{25}$ $MD = 10$

$= 2(5)$

$= 10$

$MG = MD$ Alors la solution est $x = 25$

Exemple

$-\sqrt{5x} = 1$; Condition : $5x \geq 0$; donc, $x \geq 0$

$\sqrt{5x} = -1$

Ø (pas de solution, car la racine carrée d'un nombre ne peut pas être négative)

Exemple

$\sqrt{x} \leq 5$; Condition : $x \geq 0$

$\left(\sqrt{x}\right)^2 \leq 5^2$

$x \leq 25$

Puisque $x \leq 25$ et que $x \geq 0$ (condition), alors :

Solution finale = [0, 25]

Équations et inéquations du 2e degré à une variable

Exemple

$4x^2 = 8$

$x^2 = 2$

$x = \pm\sqrt{2} \approx \pm1,414$

Exemple

$x^2 > 7$

$x > \sqrt{7}$ ou $x < -\sqrt{7}$

$x > 2,646$ ou $x < -2,646$

Solution finale :]-∞, -2,646[U]2,646, +∞[

Exemple

$5x^2 - 11 \leq 0$

$5x^2 \leq 11$

$x^2 \leq 2,2$

$x \leq \sqrt{2,2}$ ou $x \geq -\sqrt{2,2}$

$x \leq 1,483$ ou $x \geq -1,483$

Solution finale : [-1,483, 1,483]

Propriétés des fonctions

Les définitions suivantes s'appliquent à une fonction de type $y = f(x)$, où x représente la variable indépendante et y la variable dépendante.

Domaine : ensemble des valeurs possibles de la variable indépendante x.

Image : ensemble des valeurs possibles de la variable dépendante y ou $f(x)$.

Zéros : ensemble des valeurs de x pour lesquelles $f(x) = 0$.

Ordonnée à l'origine : valeur de y ou de $f(x)$ lorsque $x = 0$.

Signe : la valeur de y ou de $f(x)$ est :

1) positive dans un intervalle du domaine lorsque $f(x) > 0$ dans cet intervalle ;
2) négative dans un intervalle du domaine lorsque $f(x) < 0$ dans cet intervalle.

Extremums : y ou $f(x)$ peut posséder un maximum et/ou un minimum :

1) maximum : valeur maximale de y ou de $f(x)$;
2) minimum : valeur minimale de y ou de $f(x)$.

Croissance et décroissance :

Si $x_1 \geq x_2$ et $f(x_1) \geq f(x_2)$ dans un intervalle du domaine, alors la fonction est croissante dans cet intervalle ;

Si $x_1 \geq x_2$ et $f(x_1) \leq f(x_2)$ dans un intervalle du domaine, alors la fonction est décroissante dans cet intervalle.

Asymptote : droite horizontale ou verticale de laquelle s'approche une fonction y ou $f(x)$ sans jamais la toucher.

Fonctions polynomiales du 2e degré

L'étude de la fonction polynomiale du 2e degré se limitera sous la forme suivante :

$$f(x) = y = a(bx)^2$$

Dans un plan cartésien, une telle fonction prend la forme d'une parabole ouverte vers le haut ($a > 0$) ou vers le bas ($a < 0$), dont le sommet est à l'origine.

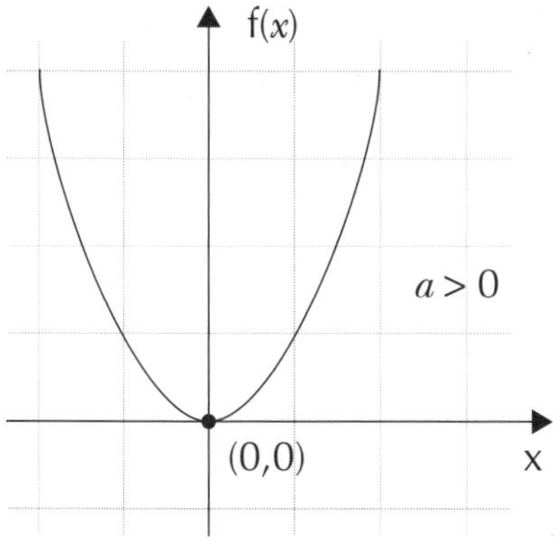

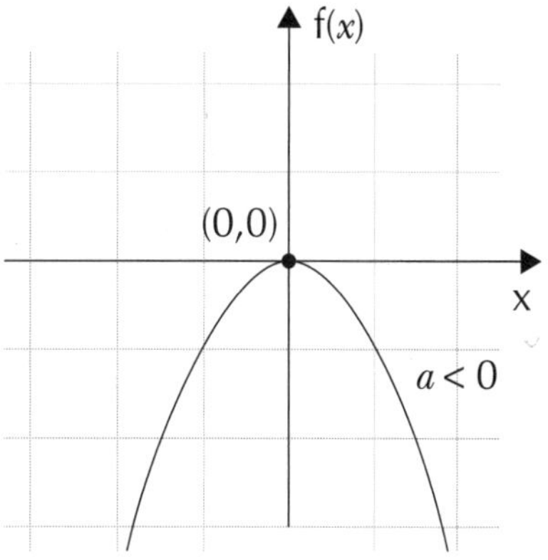

aide-mémoire «««««««««««««««

Caractéristiques de la fonction polynomiale $f(x) = y = a(bx)^2$

Sommet	(0, 0)	
Axe de symétrie (équation)	$x = 0$	
Extremum	Si $a > 0$ minimum = 0	Si $a < 0$ maximum = 0
Zéro	0	
Ordonnée à l'origine	0	
Croissance et décroissance de la fonction	Si $a > 0$ - décroissante de $]-\infty, 0]$ - croissante de $[0, +\infty[$	Si $a < 0$ croissante de $]-\infty, 0]$ décroissante de $[0, +\infty[$
Domaine	L'ensemble des nombres réels.	
Image	Si $a > 0$ $[0, +\infty[$	Si $a < 0$ $]-\infty, 0]$
Signe de la fonction	Si $a > 0$, positive, sauf à $x = 0$	Si $a < 0$, négative, sauf à $x = 0$

Inéquations du 2e degré à deux variables

Si $a > 0$		Si $a < 0$	
$y \geq a(bx)^2$	$y \leq a(bx)^2$	$y \geq a(bx)^2$	$y \leq a(bx)^2$
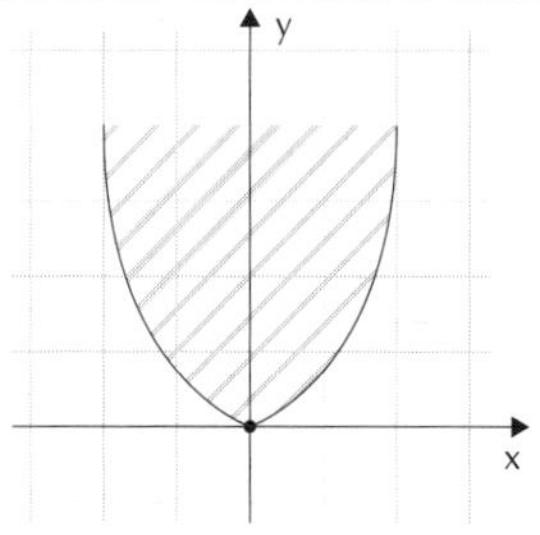	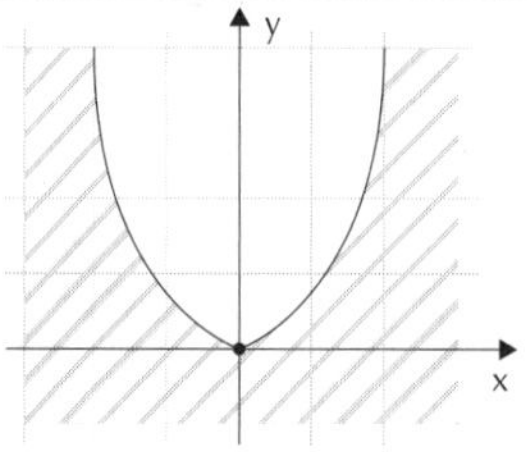	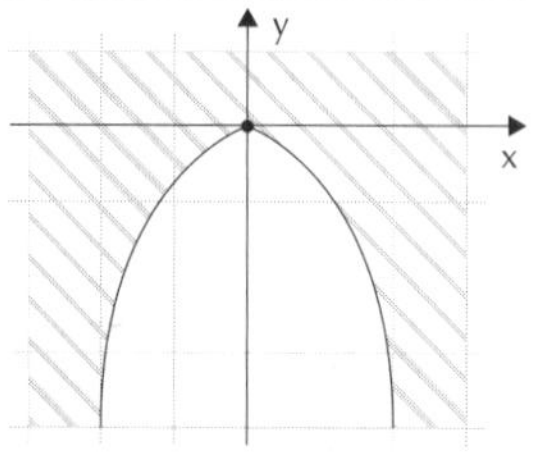	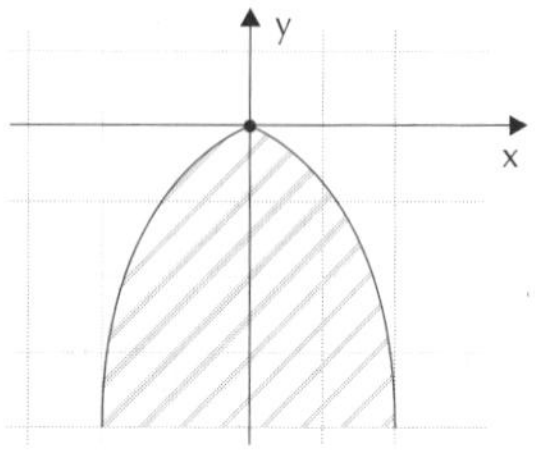

N.B. Pour les inéquations $y > a(bx)^2$ et $y < a(bx)^2$, les paraboles sont tracées à l'aide de courbes pointillées.

Fonction racine carrée

L'étude de la fonction racine carrée se limitera sous la forme suivante :

$$f(x) = y = a\sqrt{bx}$$

Graphiquement, une fonction racine carrée prend la forme d'une demi-parabole orientée vers la droite ou vers la gauche.

Si...	$b > 0$	$b < 0$
$a > 0$	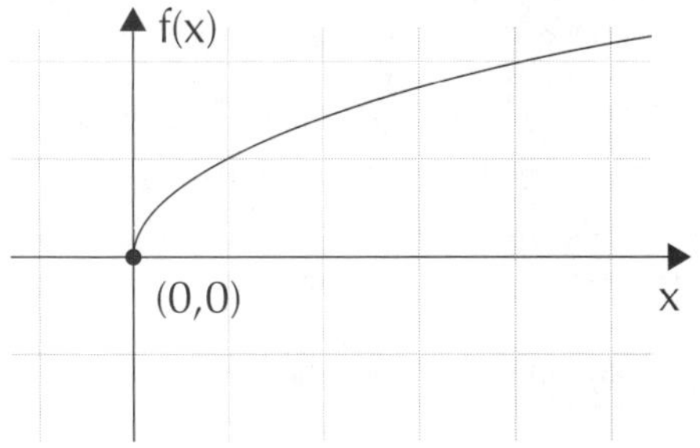	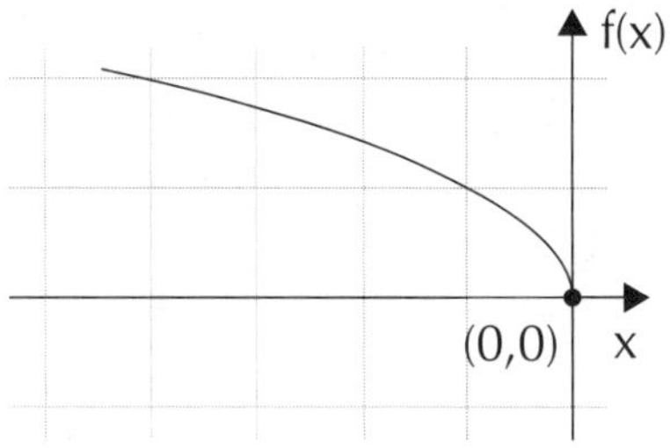
$a < 0$	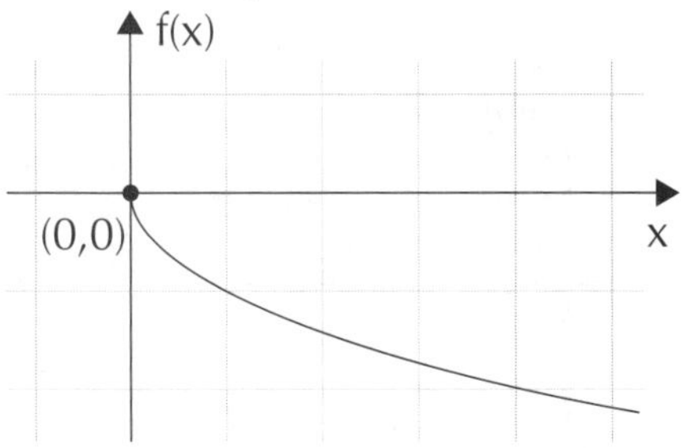	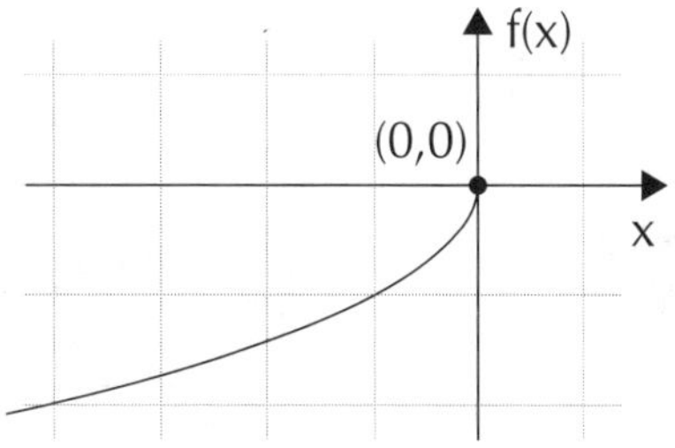

Caractéristiques de la fonction $f(x) = y = a\sqrt{bx}$

Sommet	(0, 0)	
Extremum	Si $a > 0$ minimum = 0	Si $a < 0$ maximum = 0
Zéro	0	
Ordonnée à l'origine	0	
Croissance et décroissance de la fonction	Si a et b sont de signes semblables : la fonction est croissante	Si a et b sont de signes différents : la fonction est décroissante
Domaine	Si $b > 0$ $[0, +\infty[$	Si $b < 0$ $]-\infty, 0]$
Image	Si $a > 0$ $[0, +\infty[$	Si $a < 0$ $]-\infty, 0]$
Signe	Si $a > 0$, la fonction est positive, sauf à $x = 0$	Si $a < 0$, la fonction est négative. sauf à $x = 0$

aide-mémoire

Fonction exponentielle

L'étude de la fonction exponentielle se limitera sous la forme suivante :

$$f(x) = ac^{bx}$$

Dans la résolution de problèmes impliquant une fonction exponentielle, il arrive souvent que $x \geq 0$. Alors, le paramètre a représente la valeur initiale. Quant au paramètre c, il représente le facteur de multiplication. Enfin, le paramètre b représente le nombre de fois que le facteur de multiplication s'applique dans l'unité de mesure de x.

Exemple

Dans un marécage, la population de phragmites double ($c = 2$) tous les quatre ans ($b = 1 \div 4 = 0{,}25$). Sachant que, présentement, le nombre de phragmites est évalué à 500 tiges ($a = 500$), déterminer la fonction $f(x) = ac^{bx}$ représentant cette situation, sachant que $f(x)$ représente le nombre de phragmites et x le nombre d'années.

$$f(x) = 500 \cdot 2^{0{,}25x}$$

Graphiquement, une fonction exponentielle prend la forme d'une courbe.

a) Si $c > 1$, la courbe peut alors prendre les formes suivantes :

Si…	$b > 0$	$b < 0$
$a > 0$	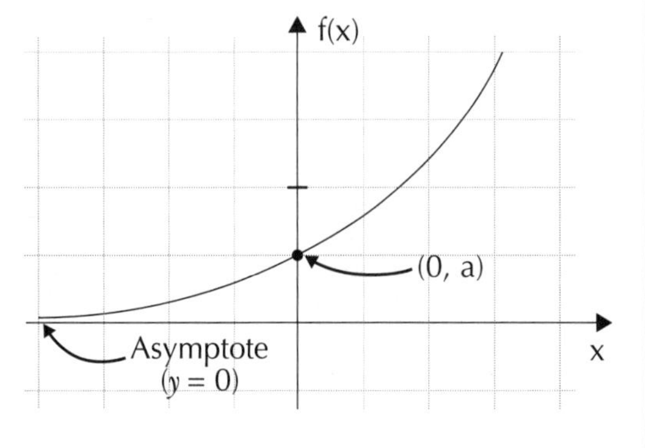	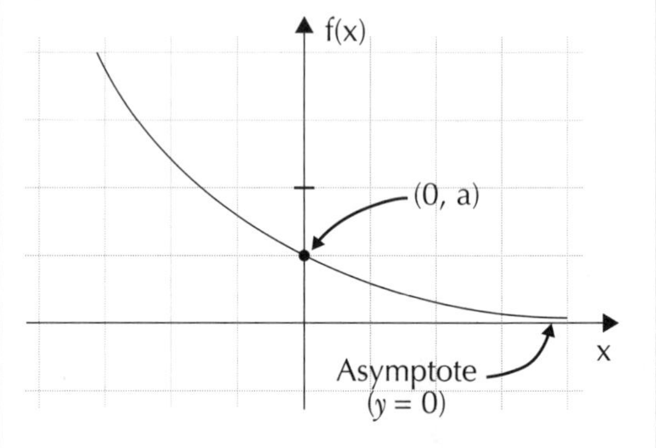
$a < 0$	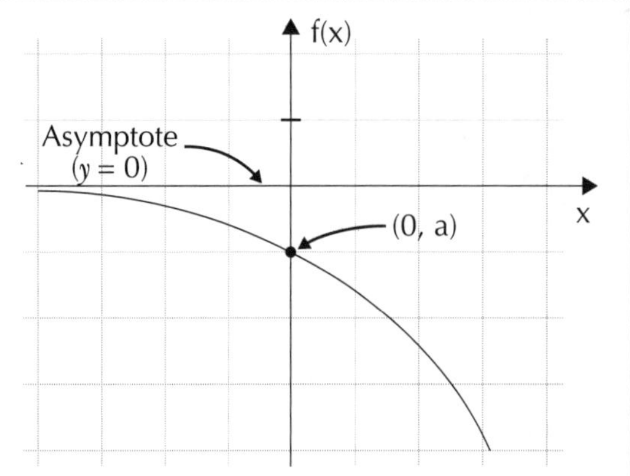	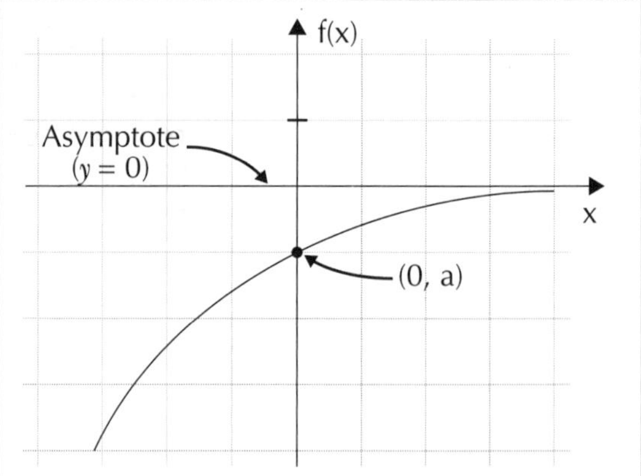

b) Si $0 < c < 1$, la courbe peut alors prendre les formes suivantes :

Si…	$b > 0$	$b < 0$
$a > 0$	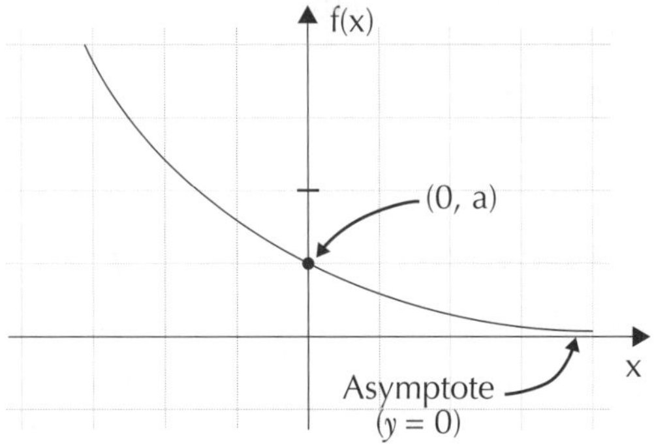	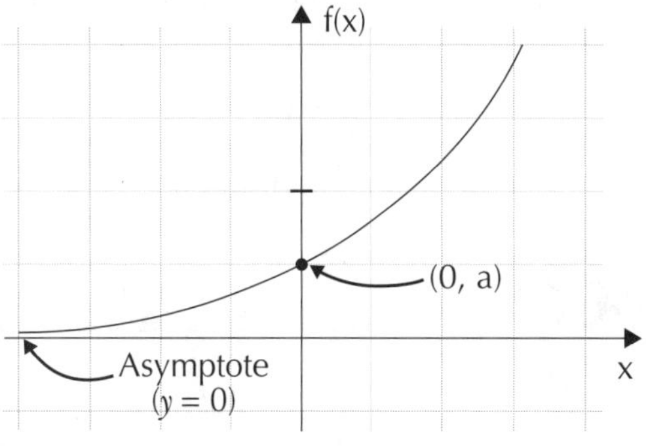
$a < 0$	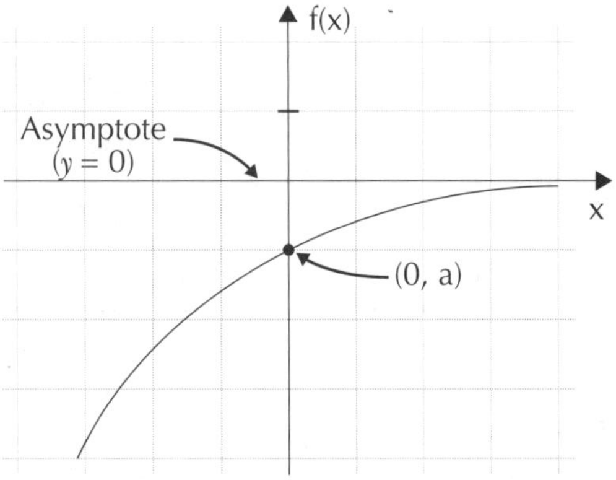	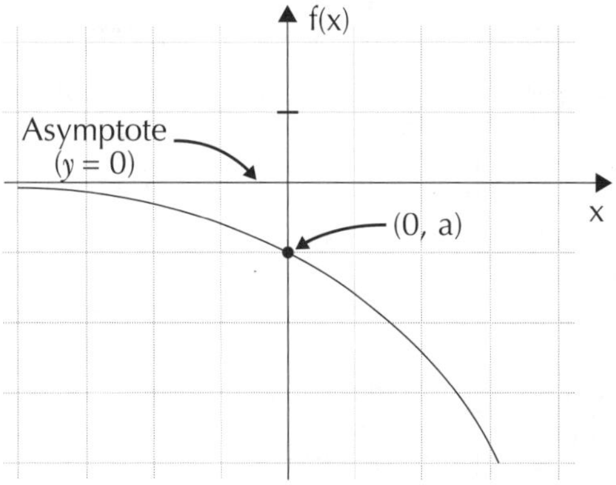

Caractéristiques de la fonction exponentielle

Asymptote	$y = 0$	
Zéro	–	
Ordonnée à l'origine	a	
Croissance et décroissance de la fonction	Si $c > 1$	
	Si a et b sont de signes semblables : la fonction est croissante	Si a et b sont de signes différents : la fonction est décroissante
	Si $0 < c < 1$	
	Si a et b sont de signes semblables : la fonction est décroissante	Si a et b sont de signes différents : la fonction est croissante
Domaine	L'ensemble des nombres réels.	
Image	Si $a > 0$ $]0, +\infty[$	Si $a < 0$ $]-\infty, 0[$
Signe	Si $a > 0$, la fonction est positive	Si $a < 0$, la fonction est négative

aide-mémoire

Fonction partie entière

En mathématique, l'opération $[x]$ signifie « trouver le plus grand nombre entier inférieur ou égal à x ».

L'étude de la fonction partie entière se limitera sous la forme suivante :

$$f(x) = a[b(x)]$$

Graphiquement, une fonction partie entière est une fonction en escalier.

Si...	$b > 0$	$b < 0$
$a > 0$	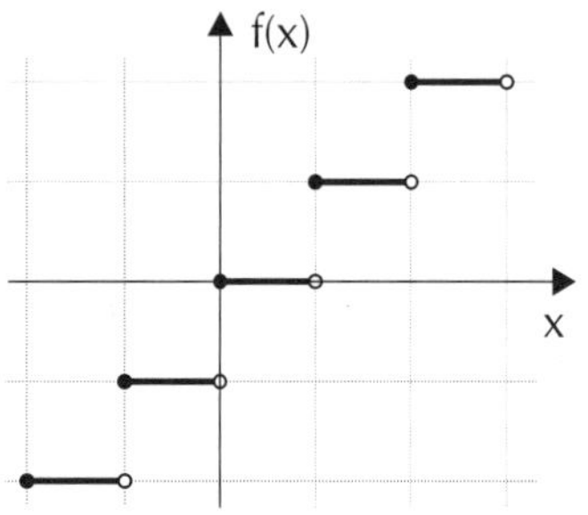	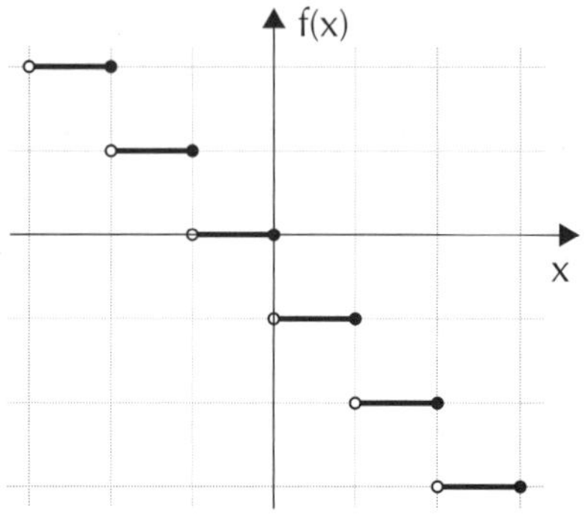
$av < 0$	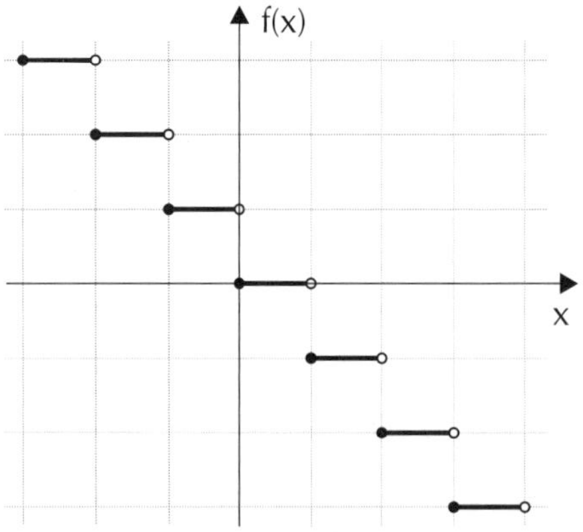	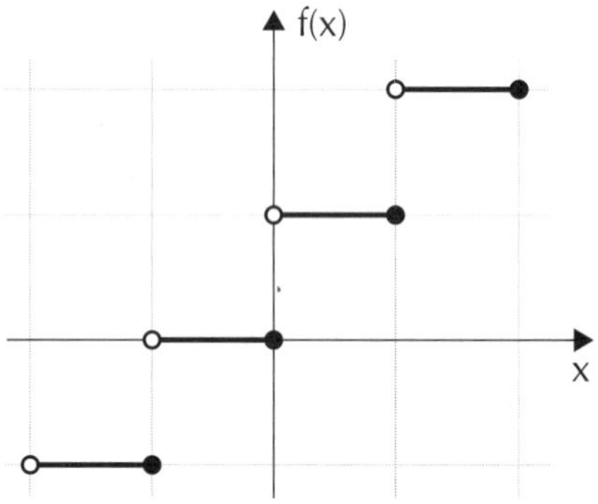

Caractéristiques de la fonction partie entière

Zéros	Si $b > 0$ $\left[0, \frac{1}{b}\right[$	Si $b < 0$ $\left]\frac{1}{b}, 0\right]$
Ordonnée à l'origine	0	
Croissance et décroissance de la fonction	Si a et b sont de signes semblables : la fonction est croissante	Si a et b sont de signes différents : la fonction est décroissante
Hauteur entre les marches	$\lvert a \rvert$	
Longueur des marches	$\lvert 1/b \rvert$	
Domaine	L'ensemble des nombres réels	
Image	$n \cdot a$, où n est un nombre entier	

Fonction définie par parties

Une fonction définie par parties est composée de plusieurs fonctions simples dont voici les principales :

- fonction linéaire ;
- fonction exponentielle ;
- fonction racine carrée ;
- fonction polynomiale du 2e degré .

Étude de la droite

Soit deux points A(x_1, y_1) et B(x_2, y_2) appartenant à une droite. La pente (m) de cette droite se calcule à l'aide de la formule suivante :

$$m = \frac{y_2 - y_1}{x_2 - x_1}$$

Une droite peut s'écrire sous deux formes :

- la forme canonique : $y = mx + b$ (b = ordonnée à l'origine)
- la forme générale : $Ax + By + C = 0$

Une droite d'équation $x = k$, où k est une constante, possède une pente indéterminée (droite verticale).

Position relative de deux droites

Soit deux droites d'équation $y = m_1x + b_1$ et $y = m_2x + b_2$.

Condition(s)	Résultat	# point(s) d'intersection
Si $m_1 = m_2$ et $b_1 \neq b_2$	Droites parallèles distinctes	Aucun
Si $m_1 = m_2$ et $b_1 = b_2$	Droites parallèles confondues	Une infinité
Si $m_1 \neq m_2$	Droites sécantes	Un seul
Si $m_1 \cdot m_2 = -1$	Droites sécantes perpendiculaires	Un seul

Déterminer le point d'intersection de deux droites revient à déterminer la solution du système d'équations suivant :

$$y = m_1x + b_1$$
$$y = m_2x + b_2$$

- Deux droites sont parallèles et confondues si la résolution du système d'équations aboutit à $0x = 0$ ou bien $0y = 0$;
- Deux droites sont parallèles et distinctes si la résolution du système d'équations aboutit à $0x = k$ ou bien $0y = k$, où k est une constante non nulle.

aide-mémoire «««««««««««««««««

Distance entre deux points

Soit deux points $A(x_1, y_1)$ et $B(x_2, y_2)$ appartenant à une droite. La distance (d) entre ces deux points se calcule à l'aide de la formule suivante :

$$d = \sqrt{(x_2 - x_1)^2 + (y_2 - y_1)^2}$$

Coordonnées d'un point de partage

Soit deux points $A(x_1, y_1)$ et $B(x_2, y_2)$ les extrémités d'un segment de droite. Pour déterminer un point de partage P partageant le segment AB dans un rapport m : n, il s'agit d'appliquer les formules suivantes :

$$P\left(x_1 + \frac{m}{m+n}(x_2 - x_1),\ y_1 + \frac{m}{m+n}(y_2 - y_1)\right)$$

On dit aussi que le point P est situé aux $\frac{m}{m+n}$ de la distance entre A et B, à partir du point A.

Point milieu

Soit deux points $A(x_1, y_1)$ et $B(x_2, y_2)$ les extrémités d'un segment de droite. Pour déterminer le point milieu M du segment AB, il s'agit d'appliquer la formule suivante :

$$M\left(\frac{x_1 + x_2}{2}, \frac{y_1 + y_2}{2}\right)$$

Exemple

Soit un segment de droite reliant les points A(2, 4) et B(-1, 1).

1) Quelles sont les coordonnées d'un point P qui partage le segment AB dans un rapport 1 : 3 ?

$(x_1, y_1) = (2, 4)$ et $(x_2, y_2) = (-1, 1)$; $m = 1$ et $n = 3$

$$P\left(x_1 + \frac{m}{m+n}(x_2 - x_1),\ y_1 + \frac{m}{m+n}(y_2 - y_1)\right)$$

$$P\left(2 + \frac{1}{1+3}(-1 - 2),\ 4 + \frac{1}{1+3}(1 - 4)\right) = P\,(1{,}25,\ 3{,}25)$$

2) Quelles sont les coordonnées d'un point Q situé au $\frac{1}{3}$ du segment AB, à partir du point A ?

$(x_1, y_1) = (2, 4)$ et $(x_2, y_2) = (-1, 1)$; $m = 1$ et $m + n = 3$

$$Q\left(x_1 + \frac{m}{m+n}(x_2 - x_1),\ y_1 + \frac{m}{m+n}(y_2 - y_1)\right)$$

$$Q\left(2 + \frac{1}{3}(-1 - 2),\ 4 + \frac{1}{3}(1 - 4)\right)\ Q\,(1,\ 3)$$

3) Quelles sont les coordonnées du point milieu M du segment AB ?

$(x_1, y_1) = (2, 4)$ et $(x_2, y_2) = (-1, 1)$

$$M\left(\frac{x_1 + x_2}{2}, \frac{y_1 + y_2}{2}\right) = M\left(\frac{2+(-1)}{2}, \frac{4+1}{2}\right) = M\,(0{,}5,\ 2{,}5)$$

Rapports trigonométriques dans le triangle rectangle

Soit le triangle rectangle suivant :

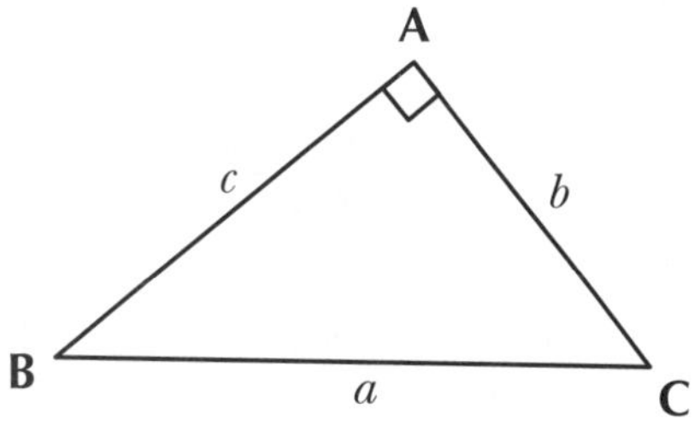

$\sin B = \dfrac{\text{cathète opposée à l'angle B}}{\text{hypoténuse}} = \dfrac{b}{a}$	$\sin C = \dfrac{\text{cathète opposée à l'angle C}}{\text{hypoténuse}} = \dfrac{c}{a}$
$\cos B = \dfrac{\text{cathète adjacente à l'angle B}}{\text{hypoténuse}} = \dfrac{c}{a}$	$\cos C = \dfrac{\text{cathète adjacente à l'angle C}}{\text{hypoténuse}} = \dfrac{b}{a}$
$\tan B = \dfrac{\text{cathète opposée à l'angle B}}{\text{cathète adjacente à l'angle B}} = \dfrac{b}{c}$	$\tan C = \dfrac{\text{cathète opposée à l'angle C}}{\text{cathète adjacente à l'angle C}} = \dfrac{c}{b}$

L'angle d'élévation, c'est l'angle formé par l'horizontale et la ligne de visée d'une personne regardant vers le haut.

L'angle de dépression, c'est l'angle formé par l'horizontale et la ligne de visée d'une personne regardant vers le bas.

Relations métriques dans le triangle rectangle

Dans la figure ci-dessous, les triangles ABC, ABD et ACD sont semblables, ce qui nous permet de déduire plusieurs proportions.

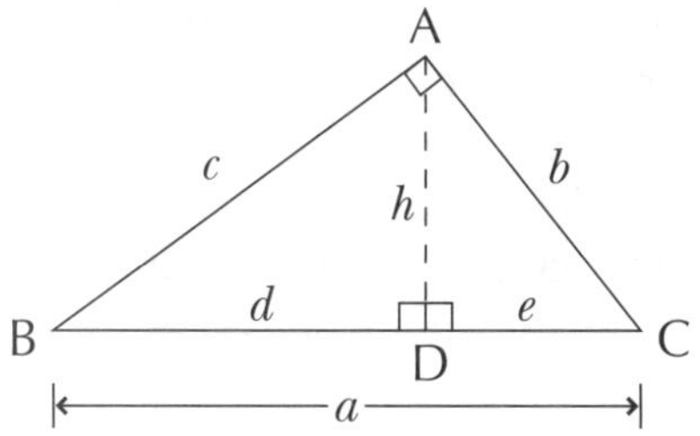

$\dfrac{b}{e} = \dfrac{a}{b}$ ou $b^2 = ae$

$\dfrac{h}{e} = \dfrac{d}{h}$ ou $h^2 = de$

$\dfrac{b}{h} = \dfrac{a}{c}$ ou $bc = ah$

aide-mémoire «««««««««««««««

Mesures de dispersion : écart moyen et écart type

$$\text{Écart moyen} = \text{EM} = \frac{\sum |x_i - \bar{x}|}{n}$$

$$\text{Écart type} = \sigma = \sqrt{\frac{\sum (x_i - \bar{x})^2}{n}}$$

où : x_i représente chacune des i données de la distribution statistique
$\bar{x}$ représente la moyenne des données x_i
n représente le nombre de données x_i

Corrélation linéaire

Soit une distribution statistique comprenant deux ensembles de données, dont chaque ensemble est identifié à une variable. Il existe une corrélation linéaire entre les deux variables si l'ensemble des couples de données forme un nuage de points dans un plan cartésien, s'apparentant à une droite.

Le coefficient de corrélation linéaire (r) mesure la linéarité d'un nuage de points. Ce coefficient peut varier entre -1 et 1.

Plus $|r|$ approche la valeur de 1, plus le nuage de points s'apparente à une droite et plus la corrélation est forte. Le tableau ci-dessous permet de qualifier le degré de corrélation d'un nuage de points en fonction de la valeur du coefficient de corrélation.

Valeur de $\lvert r \rvert$	Degré de corrélation
$0{,}98 \leq \lvert r \rvert \leq 1$	Corrélation parfaite
$0{,}80 \leq \lvert r \rvert < 0{,}98$	Corrélation forte
$0{,}60 \leq \lvert r \rvert < 0{,}80$	Corrélation moyenne
$0{,}35 \leq \lvert r \rvert < 0{,}60$	Corrélation faible
$\lvert r \rvert < 0{,}35$	Corrélation nulle

La corrélation linéaire (et son coefficient) est :

- positive si les valeurs des deux variables varient dans le même sens ;
- négative si leurs valeurs varient dans le sens contraire.

À l'aide du nuage de points, il est possible de calculer le coefficient de corrélation linéaire en traçant un rectangle le plus petit possible incluant tous les points. Sachant que la longueur du rectangle = L et que sa largeur = l, il s'agit ensuite d'appliquer l'une des deux formules suivantes :

Si $0 \leq r \leq 1$	Si $-1 \leq r \leq 0$
$r = 1 - \frac{l}{L}$	$r = \frac{l}{L} - 1$

Soit y la variable dépendante (axe vertical) et x la variable indépendante (axe horizontal). Il est aussi possible de calculer algébriquement le coefficient de corrélation linéaire en appliquant la formule suivante :

$$r = \frac{\sigma_{xy}}{\sigma_x \sigma_y} \quad \left(\sigma_{xy} = \frac{\Sigma(x_i y_i)}{n} - \bar{x} \cdot \bar{y}\right)$$

Droite de régression

Une droite de régression est la droite la plus représentative d'un nuage de points s'apparentant à une droite. Voici deux méthodes permettant de calculer les paramètres de la règle de cette droite : la méthode médiane-médiane et la méthode de Mayer.

Méthode médiane-médiane

- Ordonner les couples de données par ordre croissant des abscisses ; pour deux ou plusieurs abscisses de même valeur, classer par ordre croissant ou décroissant des ordonnées, selon la tendance générale de l'évolution de ces ordonnées.
- Séparer les couples en trois groupes de même taille, si possible ; sinon, s'assurer que le premier et le dernier groupe contiennent un nombre similaire de couples ; un groupe ne doit pas contenir deux couples de plus qu'un autre groupe.
- Dans le premier groupe, déterminer la médiane des abscisses (x_1) et des ordonnées (y_1), ce qui formera le point $P_1(x_1, y_1)$.
- Appliquer l'étape précédente aux deux autres groupes, ce qui formera les points $P_2(x_2, y_2)$ et $P_3(x_3, y_3)$.
- Calculer $P_M\left(\frac{x_1 + x_2 + x_3}{3}, \frac{y_1 + y_2 + y_3}{3}\right)$
- La droite de régression passe par le point P_M, tout en étant parallèle à la droite passant par P_1 et P_3.

Méthode de Mayer

- Ordonner les couples de données par ordre croissant des abscisses ; pour deux ou plusieurs abscisses de même valeur, classer par ordre croissant ou décroissant des ordonnées, selon la tendance générale de l'évolution de ces ordonnées.
- Séparer les couples en deux groupes de même taille, si possible ; sinon, séparer les couples de telle sorte que le premier groupe possède un couple de plus que le second.
- Dans le premier groupe, calculer la moyenne des abscisses (x_1) et des ordonnées (y_1), ce qui formera le point $P_1(x_1, y_1)$.
- Appliquer l'étape précédente au second groupe, ce qui formera le point $P_2(x_2, y_2)$.
- La droite de régression passe par les points P_1 et P_2.

Corrélation non linéaire et notation factorielle

Corrélation non linéaire

Une table de valeurs permet d'énumérer les couples de données, chaque couple étant formé d'une donnée dépendante et d'une donnée indépendante.

L'ensemble de ces couples de données forme un nuage de points sur un plan cartésien. L'analyse de ce nuage de points permet de déterminer à quel modèle fonctionnel se rapporte ce nuage.

Mis à part le modèle linéaire, les différents modèles fonctionnels possibles sont :

- la fonction polynomiale du 2e degré ;
- la fonction racine carrée ;
- la fonction exponentielle.

Notation factorielle

- $n! = n \bullet (n-1) \bullet (n-2) \bullet \ldots \bullet 3 \bullet 2 \bullet 1$
- $0! = 1$
- $1! = 1$

Événements exclusifs et non mutuellement exclusifs / probabilité subjective

Événements exclusifs et non mutuellement exclusifs

Lors d'une expérience, deux événements sont exclusifs s'ils ne possèdent aucun résultat en commun. En d'autres mots, la probabilité que les deux événements se produisent simultanément est nulle.

Lors d'une expérience, deux événements sont non exclusifs s'ils possèdent au moins un résultat en commun. En d'autres mots, la probabilité que les deux événements se produisent simultanément n'est pas nulle.

Soient deux événements A et B, la probabilité (P) qu'au moins un des deux événements se produise est:

$$P(A \cup B) = P(A) + P(B) - P(A \cap B)$$

Exemple

Soit les trois événements suivants en rapport avec le lancer d'un dé à jouer:

A: obtenir un nombre premier: {2, 3, 5}
B: obtenir un nombre pair: {2, 4, 6}
C: obtenir un nombre plus grand que 5: {6}

- Quelle est la probabilité que les événements A ou B se réalisent?

  $$P(A \cup B) = P(A) + P(B) - P(A \cap B) = \frac{1}{2} + \frac{1}{2} - \frac{1}{6} = \frac{5}{6}$$

- Quelle est la probabilité que les événements A ou C se réalisent?

  $$P(A \cup C) = P(A) + P(C) - P(A \cap C) = \frac{1}{2} + \frac{1}{6} - 0 = \frac{2}{3}$$

À noter que les événements A et B sont non mutuellement exclusifs $P(A \cap B) = \frac{1}{6} \neq 0$, tandis que les événements A et C sont exclusifs $P(A \cap B) = 0$.

Probabilité subjective

Lorsqu'il est impossible de déterminer théoriquement ou expérimentalement la probabilité d'un événement, on parle alors de probabilité subjective. Une probabilité subjective n'est pas déterminée au hasard: elle repose sur des facteurs tels le jugement, les expériences et les statistiques passées.

Exemple

Sachant que Sydney Crosby a marqué quatre buts à ses six derniers matchs, quelle est la probabilité qu'il marque un but lors du match suivant?

Probabilité $= \frac{4}{6} = \frac{2}{3}$

Probabilité conditionnelle

La probabilité conditionnelle représente la probabilité qu'un événement se produise, sachant qu'un événement antérieur s'est déjà produit.

Exemple

Robert lance un dé à deux reprises. Quelle est la probabilité que le chiffre obtenu au deuxième lancer soit supérieur à celui obtenu au premier lancer, sachant qu'il a obtenu un 4 au premier lancer?

Probabilité $= \frac{2}{6} = \frac{1}{3}$

Concept d'équité

Dans une expérience aléatoire, si la probabilité d'obtenir chacun des résultats possibles est semblable, ces résultats sont dits équiprobables.

Si les résultats d'une expérience sont équiprobables, on utilise la formule suivante pour déterminer les « chances pour » d'un événement:

« chances pour » = nombre de résultats favorables pour nombre de résultats défavorables

Si les résultats d'une expérience sont équiprobables, on utilise la formule suivante pour déterminer les « chances contre » d'un événement:

« chances contre » = nombre de résultats défavorables contre nombre de résultats favorables

Si l'on additionne le nombre de résultats favorables et le nombre de résultats défavorables (avant la simplification) d'une expérience aléatoire, on obtient le nombre de résultats possibles.

Exemple

Déterminer les « chances pour » et les « chances contre » d'obtenir un facteur de 6 (1, 2, 3, 6) lors du lancer d'un dé à jouer?

« chances pour » = nombre de résultats favorables pour nombre de résultats défavorables
« chances pour » = 4 pour 2 = 2 pour 1

« chances contre » = nombre de résultats défavorables contre nombre de résultats favorables
« chances contre » = 2 contre 4 = 1 contre 2

Espérance mathématique

Soit une expérience aléatoire. L'espérance mathématique se calcule comme suit:

- multiplier chacune des valeurs de l'expérience par la probabilité d'obtenir cette valeur;
- additionner la somme des produits obtenus.

Plus particulièrement, le calcul de l'espérance mathématique s'applique à une expérience impliquant des gains ou des pertes monétaires. En supposant une certaine mise de départ, trois situations sont possibles:

- si l'espérance mathématique de l'expérience est supérieure à la mise de départ, cette expérience vous est favorable, à long terme, vous gagnerez de l'argent ;
- si l'espérance mathématique de l'expérience est inférieure à la mise de départ, l'expérience vous est défavorable, à long terme, vous perdrez de l'argent ;
- si l'espérance mathématique de l'expérience est équivalente à la mise de départ, l'expérience vous est ni favorable, ni défavorable, à long terme, vous repartirez sans gains ni pertes.

Exemple

Un ami vous propose un jeu. Il vous offre de miser 2 $ et de vous payer 5 $ si vous obtenez un multiple de 3 (3, 6) lors du lancer d'un dé à jouer. Déterminer l'espérance mathématique de ce jeu ? Ce jeu vous est-il favorable ? Espérance = 5 $ • $(\frac{1}{3}) \approx$ 1,67 $

L'espérance de ce jeu (1,67 $) est inférieure à la mise de 2 $: ce jeu vous est donc défavorable.

Les symboles

π	Pi ≈ 3,1416
•	multiplication
±	plus ou moins
≈	est approximativement égal à
≠	est différent de
<	est plus petit que
>	est plus grand que
≤	est plus petit ou égal à
≥	est plus grand ou égal à
∞	l'infini (+)
-∞	moins l'infini
°	degrés
m	mètre
dm	décimètre
cm	centimètre
mm	millimètre
km	kilomètre
a	année
h	heure
min	minute
s	seconde
°C	degrés Celsius
$\sqrt{a}$	racine carrée de a
$\sqrt[n]{a}$	racine n^e de a
[x]	plus grand entier inférieur ou égal à x

$\lvert x \rvert$	valeur absolue de x
$\log_n$	logarithme de base n
log	logarithme de base 10
∪	union
∩	intersection
Ø	aucune réponse possible
[x, y]	intervalle incluant x et y
[x, y[	intervalle incluant x, mais pas y
]x, y]	intervalle incluant y, mais pas x
]x, y[	intervalle excluant x et y
∟	angle droit
sin θ	sinus de l'angle θ
cos θ	cosinus de l'angle θ
tan θ	tangente de l'angle θ
$\overline{AB}$	segment AB
∠C	angle C
O	centre d'un cercle
Σ	somme
EM	écart moyen
σ	écart type
x_i	i^e donnée
$\bar{x}$	moyenne des x_i
r	coefficient de corrélation linéaire
n !	n factorielle
P(A)	probabilité de l'événement A

»»»»»»»»»»»»»» exercice 1

Propriétés des exposants et des logarithmes

1. En utilisant les lois des exposants, simplifier les expressions suivantes ; l'expression finale ne doit pas contenir d'exposants négatifs.

a) $\dfrac{x^2}{x^{-6}} =$

b) $2ab \bullet 5a^2b^3 =$

c) $3x^{-2}y^6 \bullet 0{,}25x^2y^{-3} =$

d) $6x \bullet 3x^{-3} =$

e) $\left(\dfrac{1}{21}\right)x^2y^2 \bullet 7x^{-3}y^{-2} =$

f) $16x^{a+4} \bullet y^5x^3 =$

g) $2^{a+b} \bullet 2^{a-b} =$

h) $(a^2)^4 \bullet (b^3)^2 =$

i) $(x^2)^{-2} \bullet (y^3)^{\frac{1}{3}} =$

j) $5(x^2)^3 \bullet y \bullet 12(y^4)^2 =$

k) $(x^2)^{\frac{3}{2}} \div \sqrt[3]{x^6} =$

l) $\sqrt[4]{\sqrt{x^{32}}} =$

m) $\sqrt{x} \bullet \sqrt[3]{x} =$

n) $\dfrac{x^5}{x^6} =$

o) $(8x^2y^3)^{\frac{1}{3}} \bullet (2x)^{-1} =$

p) $\left(\sqrt[4]{16a^2b^2}\right)^2 =$

q) $\dfrac{5a^3}{\left(b^2\right)^3} \div \left(\dfrac{b}{5a}\right)^2 =$

r) $a^{\frac{1}{4}} \bullet \left(a^{\frac{3}{8}}\right)^{\frac{2}{5}} =$

2. Écrire ces équations exponentielles sous la forme logarithmique.

a) $4^3 = 64$ b) $y = \left(\frac{1}{3}\right)^x$ c) $10^y = z$

3. Écrire ces équations logarithmiques sous la forme exponentielle.

a) $\log_c x = y + 1$ b) $\log 1\,000 = 3$ c) $\log_3 9^2 = 4$

4. En utilisant la loi des changements de base et le logarithme de base 10, calculer le résultat de : (Arrondir au millième près, s'il y a lieu.)

a) $\log_8 27 =$

b) $\log_2 5 =$

c) $\log_{\frac{1}{3}} 7 =$

d) $\log_4 0{,}5 =$

exercice 1 ««««««««««««««««

5. Résoudre algébriquement ces équations exponentielles. Arrondir au millième près, si nécessaire.

a) $2^x = 128$

b) $3^{x-1} = \frac{1}{27}$

c) $100^{x+1} = 1\,000$

d) $\left(\sqrt{5}\right)^{x+2} - 125 = 0$

e) $4^x = 48$

f) $\left(\frac{1}{49}\right)^{x-1} = \frac{1}{343}$

6. La relation suivante permet de prédire l'évolution de la population (P) d'un village dont le taux de croissance est de x:

$$P = P_0(1 + x)^t$$

Où : P_o = population en 2010
x = taux de croissance
t = nombre d'années après 2010

a) Sachant qu'en 2010, la population d'un certain village était de 10 000 habitants et que le taux de croissance de sa population est de 3,5 %, préciser la nature de la relation ci-dessus en remplaçant P_0 et x par leurs valeurs respectives.

b) Quelle sera la population de ce village en 2011 ?

c) Quelle sera la population de ce village en 2020 ?

d) Quelle était la population de ce village en 2000, sachant que sa croissance obéissait à la règle observée après 2010 ?

e) Le village pense poser sa candidature aux Jeux du Québec lorsque sa population aura atteint 12 500 habitants. En quelle année cela sera-t-il possible ?

f) En quelle année la population du village aura-t-elle doublé par rapport à celle de 2010 ?

test

1. Sachant que $\log_a p = m$ équivaut à l'équation exponentielle $a^m = p$, déterminer si les équations exponentielles sont vraies ou fausses.

   a) $\log_2 16 = 4$

   b) $\log 100 = 10$

2. Résoudre les deux équations suivantes. Arrondir au millième près.

   a) $5^x = 4^{2x+1}$

   b) $7^{x+3} = 18$

3. Simplifier les deux expressions suivantes tout en vous assurant que leurs exposants sont positifs.

   a) $(4x^3y)^{\frac{1}{2}} \bullet \sqrt[3]{8xy^2}$

   b) $(-3x^3y^{-2})^{-2} \bullet (9x^2y^3)^4$

4. La valeur (V) d'une voiture diminue de 15 % par année, obéissant ainsi à la relation suivante :

$$V = V_0(0{,}85)^t$$

Combien d'années (t) après l'achat une voiture neuve de 22 000 \$ (V_0) atteindra-t-elle 20 % de sa valeur initiale ? Arrondir au millième près.

exercice 2 «««««««««««««««««

Opérations sur des expressions algébriques

1. Développer et simplifier les expressions algébriques suivantes.

a) $4a^2(6b - 2ab)$	b) $(5x + 2y^2 - 3) \bullet -0{,}5x$
c) $(a^2 - b)(-3a - 5b^2 + 1)$	d) $(5x^2 + 2)(3x + y - 8)$
e) $(x + 2y + 1)(x - 2)$	f) $(x - y - 1)(x - 1)$
g) $(x + y + 1)(10x - 11)$	h) $(3x + 3y + 3xy)(x - 1)$
i) $(8xy + 4x - 2y)(xy^2 + 1)$	j) $(a + b)(a - b)$
k) $5a\left(\frac{8a}{3}\right)$	l) $(2x + 3)^2$
m) $(a^2 + b^2)^3$	n) $(2x - 6xy + 3)^2$
o) $(y - 1)^2$	p) $\frac{5x^4 + 15x^2}{5x}$

»»»»»»»»»»»» exercice 2

Opérations sur des expressions algébriques

2. Déterminer le quotient des divisions suivantes. Indiquer le reste, s'il y a lieu.

a) $(x^2 + 9x + 20{,}25) \div (x + 4{,}5)$	b) $(x^2 - 16) \div (x + 4)$
c) $(x^2 + x + 1) \div (x + 1)$	d) $(x^2 - 5x + 2) \div (2x + 1)$
e) $(x^3 + 1) \div (x + 1)$	f) $(x^2 + 4xy + 3x + 4y^2 + 6y) \div (x + 2y)$
g) $(5x^3 + 7x^2 - 2x + 8) \div (x + 2)$	h) $(4x^3 + 7x + 24) \div (2x + 3)$
i) $(3a^2 - 2a^2b + 3a - 2ab) \div (a + 1)$	j) $(5x^2 + 16x + 3) \div (x + 3)$

exercice 2 ««««««««««««««««

Opérations sur des expressions algébriques

3. Déterminer sous sa forme développée l'expression algébrique représentant l'aire d'un carré dont la mesure d'un côté est de $(x + 4)$ cm.

4. Déterminer la hauteur d'un rectangle si son aire et sa base mesurent respectivement $(2x^2 + 5x + 3)$ cm^2 et $(2x + 3)$ cm.

5. Soit un cylindre dont la hauteur mesure $(x - 2)$ m et dont le diamètre de la base mesure $(2x + 2)$ m.

a) Déterminer le volume de ce cylindre.	b) Déterminer l'aire totale de ce cylindre.

6. On installe une maison rectangulaire de dimensions $(3x + 1)$ m • $(3x - 1)$ m sur un terrain carré de $(4x + 3)$ m de côté. Calculer l'aire du terrain inoccupée par la maison.

7. Exprimer algébriquement l'aire d'un triangle dont la hauteur mesure $(2x + 4)$ cm et dont la base est trois fois plus longue que sa hauteur.

test

1. Développer et simplifier les expressions algébriques suivantes.

a) $(x - 2)^2 - 16$	b) $(3x + 3)^2(x + 1)$

2. Déterminer le quotient des divisions suivantes.

a) $(12a^2 - 7ax - 12x^2) \div (3a - 4x)$	b) $(6x^3 + 13x^2 - 73x + 60) \div (3x^2 + 11x - 20)$

3. Soit le trapèze suivant :

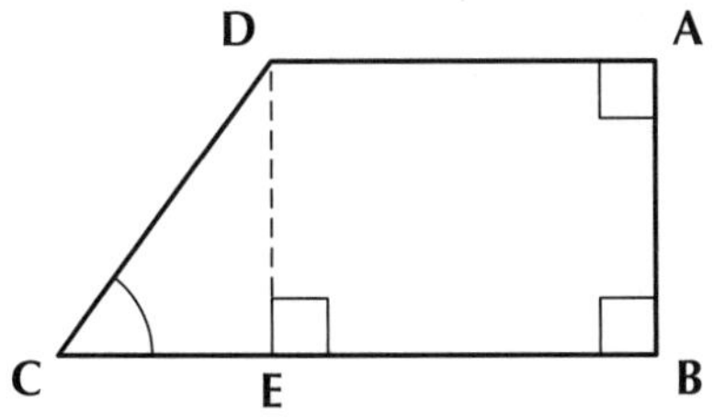

$m\,\overline{CE} = x + 2$

$m\,\overline{AD} = 2x + 5$

$m\,\overline{AB} = 2x - 4$

a) Quelle expression algébrique correspond à la longueur du côté CD ?

b) Quelle expression algébrique correspond à l'aire de la figure ?

exercice 3

Factorisation de polynômes

1. Factoriser complètement les polynômes suivants.

a) $x^2 - 2x + 1$	b) $49 - b^4$
c) $9x^2y^2 - 100$	d) $100x^4 + 180x^2 + 81$
e) $12ab + 24a^2 - 2b - 4a$	f) $18x^4 + 6x^3 - 3xy - y$
g) $x^4 - 16$	h) $28xyz^2 - 4xy + 7z^4 - z^2$
i) $2x^3y - 6xy - 4x^2y + 12y$	j) $32x^2 - 50$
k) $(x + 2)^2 - 9$	l) $a^3 - a$
m) $x^2 - (x + y)^2$	n) $8x^3 + 8x$
o) $(a + b)^2 - (a - b)^2$	p) $6xy - 12x + 18y - 36$

2. À l'aide de la factorisation, simplifier les expressions rationnelles suivantes.

a) $\dfrac{12x^2-15xy}{8xy-10y^2}$	b) $\dfrac{2x-4}{2x+4}$
c) $\dfrac{2x^2-2xy+x-y}{4x^2+4x+1}$	d) $\dfrac{12x^3+8x^2}{27x^2+18x}$
e) $\dfrac{xy+5x+y+5}{y^2+10y+25}$	f) $\dfrac{(x+3)^2-16}{x^2-1}$
g) $\dfrac{x^3-9x}{x^2+6x+9}$	h) $\dfrac{16x^3-24x}{4x^4-9}$
i) $\dfrac{4x^2-9}{(2x+3)(4x^2+9x)}$	j) $\dfrac{5x^2-x^5+15x-3x^4}{2x^2y+x^2+6xy+3x}$

exercice 3 «««««««««««««««««

Factorisation de polynômes

3. Simplifier les expressions rationnelles suivantes.

a) $\dfrac{15x-30}{2x} \bullet \dfrac{3x^2}{5x-10}$	b) $\dfrac{x+1}{x-1} \div \dfrac{10x^2}{5x-10}$
c) $x-2+\dfrac{x+1}{x-1}$	d) $\dfrac{(x-1)(x+2)}{x^2+4x+4}$
e) $\dfrac{5}{x+3}-\dfrac{5}{(x+3)^2}$	f) $\dfrac{2a+3}{a^2-1}+\dfrac{5}{a+1}$
g) $\dfrac{\left(\dfrac{10x+30}{x+2}\right)}{\left(\dfrac{15+5x}{(x+2)^2}\right)}$	h) $\dfrac{1}{a+3} \bullet \dfrac{9-a^2}{a+5} \bullet \dfrac{5+a}{a-3}$
i) $\dfrac{2x}{x+1}-\dfrac{3x}{x-3}$	j) $\dfrac{5}{x}-\dfrac{2}{x+3}$

test

1. Factoriser complètement les expressions suivantes.

a) $2x^2y - 7xy^2 + 4xy - 14y^2$	b) $8x^2 - 48x + 72$
c) $121x^2 - 144y^2$	d) $(x-5)^2 - 25$
e) $x^5 - x$	f) $6x^2 + 10 - 2x^2 - 19$

2. Simplifier les expressions rationnelles suivantes à l'aide de la factorisation.

a) $\dfrac{x^2-16}{x^2-8x+16}$	b) $\dfrac{100x^4y^4-81x^2y^2}{100x^4y^4+81x^2y^2}$

3. Simplifier les expressions rationnelles suivantes.

a) $\dfrac{1}{2\left(x^2-4\right)}+\dfrac{1}{x\left(x^2-4x+4\right)}$	b) $\dfrac{a+2}{a^2-25}+\dfrac{10}{a+5}-\dfrac{8}{a-5}$

exercice 4 «««««««««««««««««

Inéquations du 1er degré à deux variables

1. Isoler la variable y dans chacune des inéquations ci-dessous.

a) $3x + y > 5$	b) $4x - y \geq 8$	c) $2x - 3y + 6 < 0$
d) $\frac{3}{2}x \leq 3y + 15$	e) $0{,}5y > -3x - 12$	f) $1 - 3y + 7 \geq 8$

2. Déterminer l'inéquation représentée par la zone hachurée des plans cartésiens ci-dessous.

a) 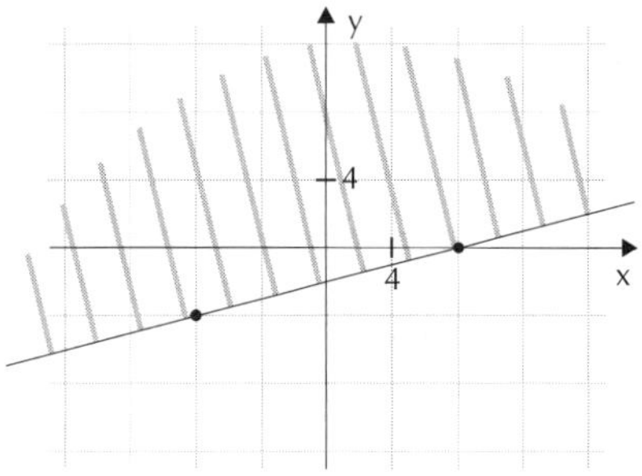	b) 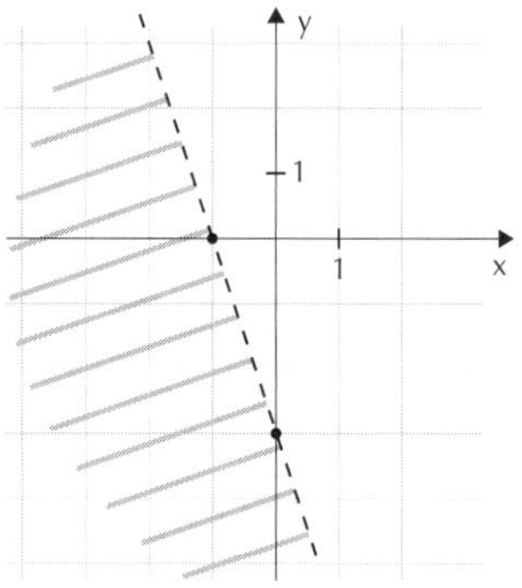
Démarche	Démarche

3. Représenter l'ensemble solution associé à l'inéquation $y < \frac{5}{3}x - 1$.

Table de valeurs et calculs	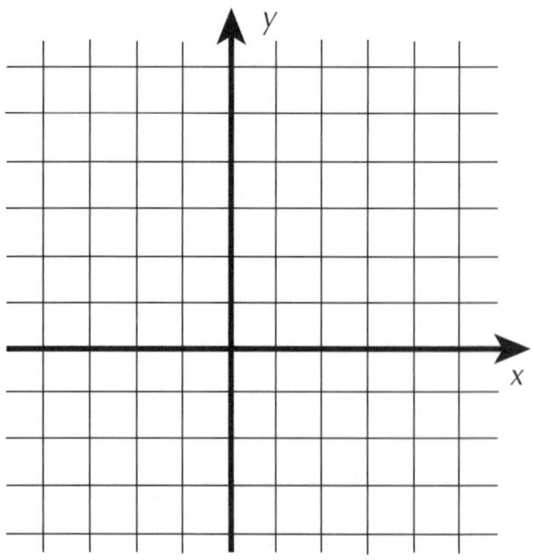

4. Déterminer graphiquement l'ensemble solution associé à chacune des inéquations ci-dessous.

a) $3x + 2y \geq 2$	
Table de valeurs et calculs	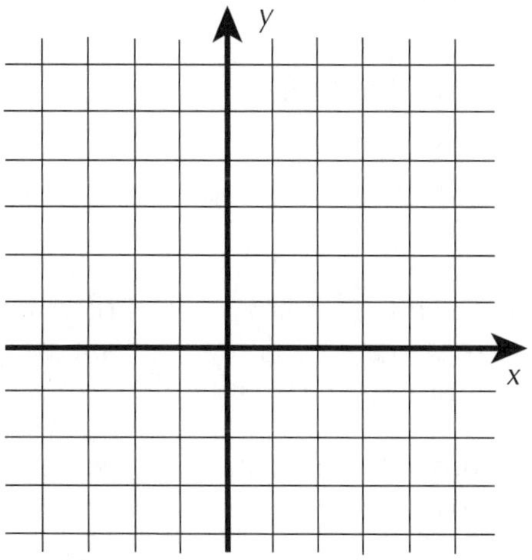

b) $y - x - 1 < 2$	
Table de valeurs et calculs	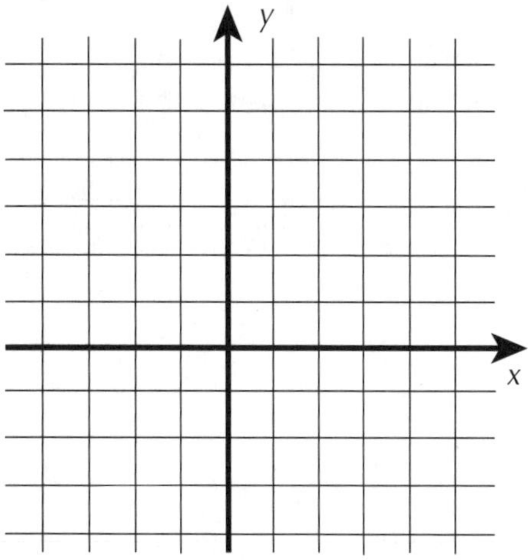

c) $-y \geq x$	
Table de valeurs et calculs	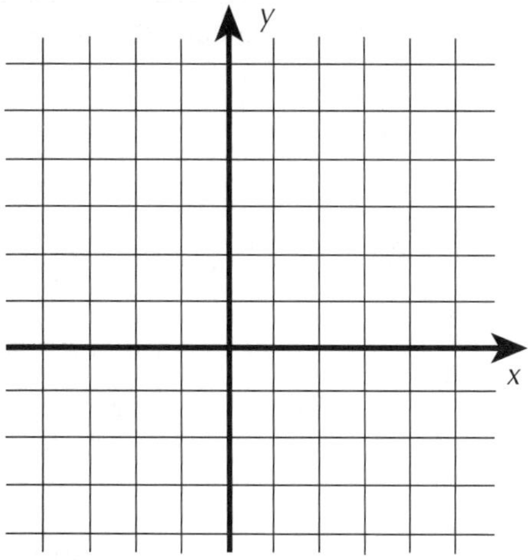

5. On désire construire un jardin triangulaire et un jardin rectangulaire. Le triangle formé par le premier jardin est équilatéral, et le côté de ce jardin est congru à la largeur du jardin rectangulaire. Sachant que la clôture entourant ces jardins doit mesurer moins de 100 mètres, traduire cette situation par une inéquation.

6. Jacinthe veut s'acheter un billet de cinéma à 7,50 $. Pour ce faire, elle décide de vendre de la limonade sur le coin de la rue. Sachant qu'un petit verre de limonade rapporte 0,25 $ et qu'un grand verre rapporte 0,50 $:

   a) déterminer l'inéquation représentant cette situation, sachant que Jacinthe veut cumuler au moins 7,50 $.

   b) déterminer graphiquement l'ensemble solution de cette inéquation, sachant que les deux variables sont supérieures ou égales à 0.

Inéquation : ______________	
Table de valeurs et calculs	

   c) Jacinthe sait qu'elle vendra environ 6 grands verres de limonade. Combien de petits verres de limonade devra-t-elle vendre au minimum pour atteindre son objectif ?

test

1. Représenter graphiquement sur le même plan cartésien les deux inéquations suivantes :

$$y > 2x + 2$$
$$16x - 8y - 8 \geq 0$$

Table de valeurs et calculs	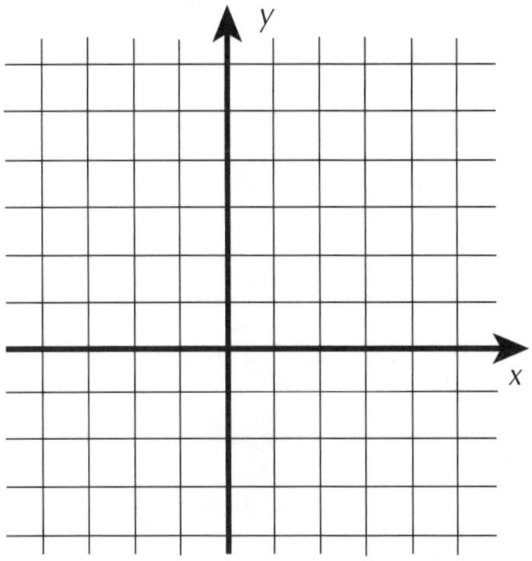

2. Un couple possède deux voitures : une petite voiture économique qui consomme 0,08 litre d'essence au kilomètre, et une jeep dont la consommation est de 0,12 litre d'essence au kilomètre. Pour chaque mois, ce couple ne veut pas consommer plus de 400 litres d'essence.

   a) Traduire cette situation par une inéquation du 1er degré à deux variables.

   b) Transformer l'inéquation ci-dessus en isolant la valeur de y, en supposant que cette dernière variable représente la distance parcourue par la jeep.

   c) La petite voiture a parcouru 5 000 km au mois de janvier. Qu'en est-il de l'utilisation de la jeep pendant ce mois, en sachant que la limite maximale d'essence consommée n'a pas été dépassée ?

exercice 5

Systèmes d'équations du 1er degré à deux variables

1. Déterminer le couple solution des systèmes de deux équations suivants.

a) $y = 2x + 4$ et $y = 5x - 20$	b) $y = 0{,}25x - 3$ et $x = 0{,}25y - 3$
c) $3x - y = 8$ et $4x + 4y = 12$	d) $10x - 25y + 5 = 0$ et $y = x + 5$
e) $x = 4$ et $2x + 3y = 14$	f) $2x - y = 10$ et $y - 4 = 0$

2. Déterminer le point de rencontre des paires de droites suivantes.

a) $2y = -\frac{2}{3}x + 4$ et $2x - 6y = 9$	b) $y = \frac{3}{2}x + \frac{1}{4}$ et $3y - 4 = x + 8$
c) $2y = 3x$ et $2y - 9 = 6x + 4$	d) $\frac{x}{5} + \frac{y}{2} = 1$ et $6x = 5y - 8$
e) $8y = 16x$ et $x = 5y - 9$	f) $6 - 2x = 3y$ et $y = 0$

exercice 5 «««««««««««««««««

Systèmes d'équations du 1er degré à deux variables

3. Dans une pâtisserie, Micheline doit débourser 6,75 $ pour acheter trois muffins et cinq beignes. Quant à Pauline, l'achat de quatre beignes et de quatre muffins lui coûte 7,00 $. Déterminer ce que Marie devra dépenser si elle achète une douzaine de beignes et un seul muffin.

4. Un spectacle de marionnettes dans une salle de 500 sièges affiche complet. Sachant que la vente de billets a généré des revenus de 2 250 $, combien d'adultes assisteront au spectacle sachant que le prix d'un billet adulte est de 5 $ et que le prix d'un billet enfant est de 3 $?

5. L'enclos d'un éleveur est occupé par des cerfs de Virginie et des orignaux. Le nombre total d'animaux dans l'enclos s'élève à 80. Si le nombre d'orignaux triplait et celui des cerfs de Virginie doublait, l'enclos contiendrait 186 bêtes. Combien y a-t-il d'animaux de chaque espèce dans l'enclos ?

test

1. Résoudre chacun des deux systèmes d'équations suivants.

a) $2y = 6 - 8x$ et $y = 5x + 12$	b) $5x + 8y = -2$ et $-3x - 6y = 7$

2. Une compagnie téléphonique offre à Carole-Anne deux tarifs différents d'appels interurbains en fonction du moment de l'appel : les jours de la semaine et les fins de semaine.

   Pendant le mois de février, Carole-Anne a payé 13,80 $ pour deux heures et demie d'appels interurbains, dont une heure pendant les fins de semaine.

   Pendant le mois de mars, Carole-Anne a payé 11,70 $ pour deux heures et demie d'appels d'interurbains, dont une heure pendant les jours de la semaine.

   Quel est le tarif à la minute des appels effectués pendant la semaine et pendant la fin de semaine ?

exercice 6 «««««««««««««««««««

Équations et inéquations avec racine carrée

1. S'il y a lieu, déterminer la valeur de x dans les équations suivantes.

a) $\sqrt{x} = 15$	b) $\sqrt{x} = -8$
c) $-\sqrt{x} = -4$	d) $-\sqrt{x} = 1$
e) $\sqrt{x} = 0$	f) $-\sqrt{x} = 0$
g) $\sqrt{2x} = 12$	h) $\sqrt{-\frac{1}{3}x} = 9$
i) $\sqrt{-0,25x} = -5$	j) $3\sqrt{x} = 8$
k) $-5\sqrt{x} = 7$	l) $-\frac{2}{7}\sqrt{x} = -0,5$
m) $-6\sqrt{x} = 18$	n) $2\sqrt{2x} = 4$
o) $-3\sqrt{-5x} = -10$	p) $50\sqrt{-2x} = 1\,150$
q) $-5\sqrt{0,45x} = 5$	r) $-\frac{5}{6}\sqrt{-2x} = 12$

2. S'il y a lieu, déterminer l'intervalle représentant la solution de ces inéquations.

a) $\sqrt{x} < 8$	b) $5\sqrt{x} > 12$
c) $-\sqrt{x} \geq -7$	d) $-\sqrt{x} \leq 2$
e) $\sqrt{x} \leq 0$	f) $-\sqrt{x} < 0$
g) $\sqrt{4x} \geq 13$	h) $\sqrt{-\frac{2}{7}x} > 5$
i) $-10\sqrt{1{,}8x} < 10$	j) $-\frac{4}{3}\sqrt{-4x} \geq 24$
k) $-4\sqrt{x} \leq 9$	l) $-\frac{2}{11}\sqrt{x} > -0{,}88$
m) $-6\sqrt{-12x} \geq -24$	n) $11\sqrt{-11x} < 22$

exercice 6 «««««««««««««««

Équations et inéquations avec racine carrée

3. Il est possible de déterminer le diamètre (D) d'un cercle si l'on connaît la mesure de son aire (A) :

$$D = \sqrt{\frac{4A}{\pi}}$$

Calculer l'aire d'un cercle dont le diamètre mesure 13 cm. Arrondir au centième près.

4. Cette relation représente l'équation d'une demi-parabole dans un plan cartésien :

$$y = -2\sqrt{6x}$$

Déterminer la coordonnée manquante des points ci-dessous de la parabole.

a) $(x, -3)$	b) $(x, 0)$
c) $(x, -10)$	d) $(x, 3)$

5. Il est possible d'obtenir une relation entre la distance parcourue (d) et le temps (t) pour une voiture accélérant à vitesse constante. Par exemple, pour une voiture accélérant constamment de 0 à 90 km/h en 4 secondes, on obtient la relation suivante :

$$t = \sqrt{\frac{d}{3{,}125}}$$

où d se mesure en mètres et t se mesure en secondes. Déterminer la distance parcourue par la voiture entre la deuxième et la quatrième seconde.

test

1. Résoudre les équations et les inéquations suivantes.

a) $4\sqrt{4x} = 2$	b) $-0{,}5\sqrt{x} = \frac{7}{2}$
c) $-1{,}8\sqrt{10x} < 1{,}8$	d) $-24\sqrt{-18x} \geq -6$
e) $-\sqrt{x} = -225$	f) $50\sqrt{-2x} = 100$
g) $\sqrt{13x} \geq 4$	h) $-\sqrt{x} \leq 10$

2. Pour déterminer le rayon (r) d'une sphère à partir de sa surface exposée (A), il est possible d'utiliser la relation suivante :

$$r = \sqrt{\frac{A}{4\pi}}$$

Si le diamètre d'une sphère mesure 80 cm, déterminer la surface de cette sphère en mètres carrés (m^2). Arrondir au millième près.

exercice 7

Équations et inéquations du 2e degré à une variable

1. Résoudre les équations suivantes. Arrondir au millième près, s'il y a lieu.

a) $x^2 = 16$	b) $x^2 = 48$
c) $x^2 = 0$	d) $x^2 = -7$
e) $4x^2 = 400$	f) $5x^2 = 90$
g) $x^2 = \frac{3}{7}$	h) $0{,}24x^2 = 15{,}6$
i) $(5x)^2 = 25$	j) $(-3x)^2 = 10$
k) $-(2x)^2 = -72$	l) $-4(-6{,}5x)^2 = 33$

»»»»»»»»»»» exercice 7

Équations et inéquations du 2ᵉ degré à une variable

2. Résoudre les inéquations suivantes. Arrondir au millième près, s'il y a lieu.

a) $0{,}38x^2 < 1{,}33$	b) $(11x)^2 \geq 121$
c) $x^2 \leq \frac{9}{16}$	d) $-(5x)^2 > -625$
e) $-4(-6{,}5x)^2 < 33$	f) $x^2 \leq -15$

exercice 7 «««««««««««««««««

Équations et inéquations du 2e degré à une variable

3. Pour asphalter un espace de stationnement, le coût est de 50 $/m².

   a) Déterminer la relation qui existe entre le coût total (C) d'un travail d'asphaltage et le côté (c) d'un terrain de stationnement de forme carrée. Identifier les unités de mesure des deux variables.

   b) Déterminer la mesure du côté d'un terrain de stationnement de forme carrée, dont le travail d'asphaltage a nécessité un déboursé de 1 500 $? Arrondir au millième près.

   c) Quelle peut être l'aire d'un terrain de stationnement de forme carrée si le travail d'asphaltage a nécessité un déboursé minimal de 2 000 $?

4. Chaque base d'un cylindre est formée d'un cercle de rayon r.

   a) Déterminer la relation qui existe entre r et la somme des aires des deux bases (A_b) du cylindre.

   b) Déterminer le rayon en centimètres de la base d'un cylindre dont l'aire d'une seule base mesure 50 cm² ? Arrondir au millième près.

   c) Déterminer la circonférence de la base d'un cylindre dont l'aire d'une seule base mesure 100 m² ? Arrondir au centième près.

test

1. Résoudre les équations ou les inéquations suivantes. Arrondir au millième près, s'il y a lieu.

a) $(-4x)^2 = 144$	b) $-(2{,}5x)^2 = -5$	c) $13(13x)^2 \geq 169$

2. Pendant les premières secondes de son décollage, une navette spatiale accélère (a) à un taux constant d'environ 8,3 m/s². À ce titre, il est possible de prévoir la hauteur (h) de la navette en fonction du temps passé depuis le décollage (t) :

$$h = 0{,}5at^2$$

où *h* se mesure en mètres et *t* en secondes. Déterminer le temps requis à la navette pour atteindre une hauteur de : (Arrondir au millième près.)

a) 10 mètres.	b) 100 mètres.

exercice 8 «««««««««««««««

Propriétés des fonctions

1. Déterminer les propriétés des fonctions suivantes, représentées sur un plan cartésien.

a)

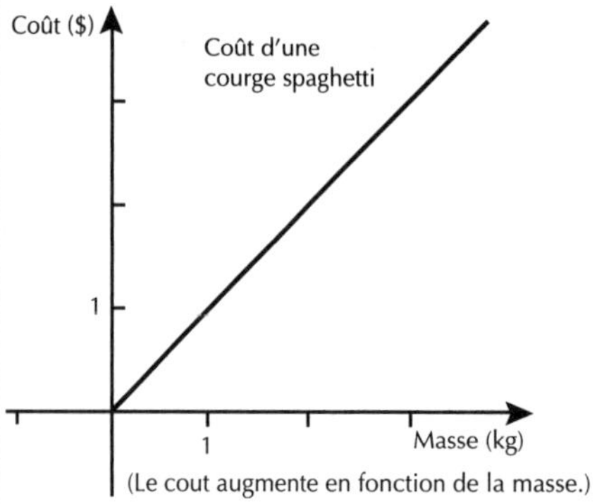

b)

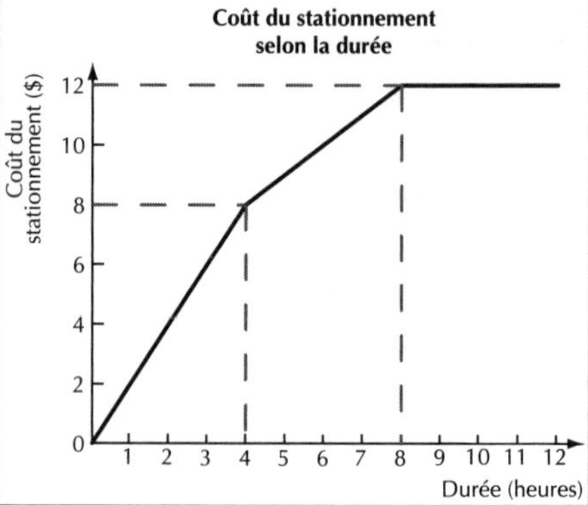

Propriétés	a)	b)
1) Domaine		
2) Image		
3) Zéro(s)		
4) Ordonnée à l'origine		
5) Signe(s)		
6) Extremum(s)		
7) Croissance et/ou décroissance		
8) Asymptote		

c)

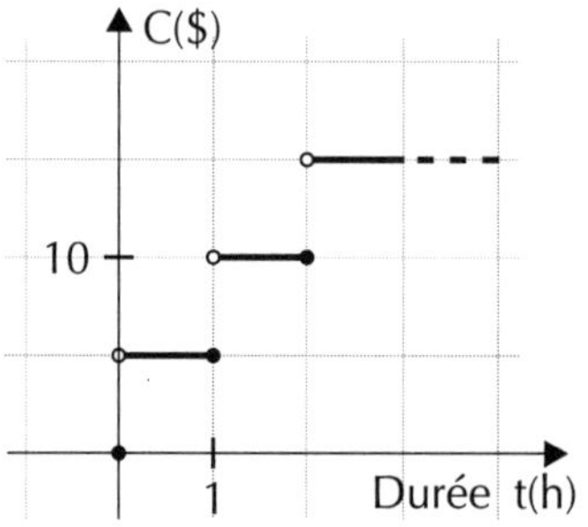

d)

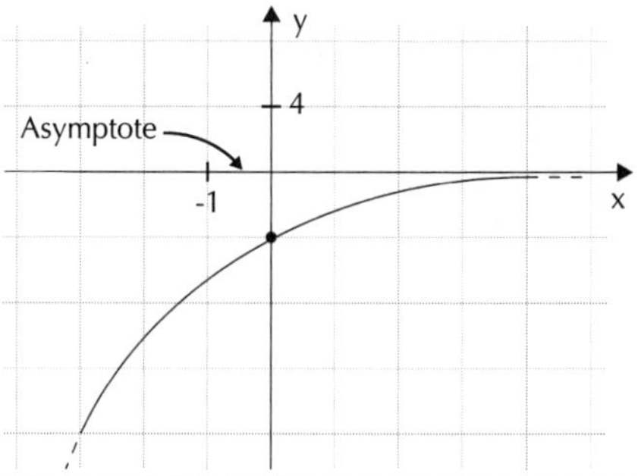

Propriétés	c)	d)
1) Domaine		
2) Image		
3) Zéro(s)		
4) Ordonnée à l'origine		
5) Signe(s)		
6) Extremum(s)		
7) Croissance et/ou décroissance		
8) Asymptote		

2. Déterminer les propriétés des fonctions suivantes, représentées sur un plan cartésien.

<table>
<tr><td>Propriétés</td><td>a)
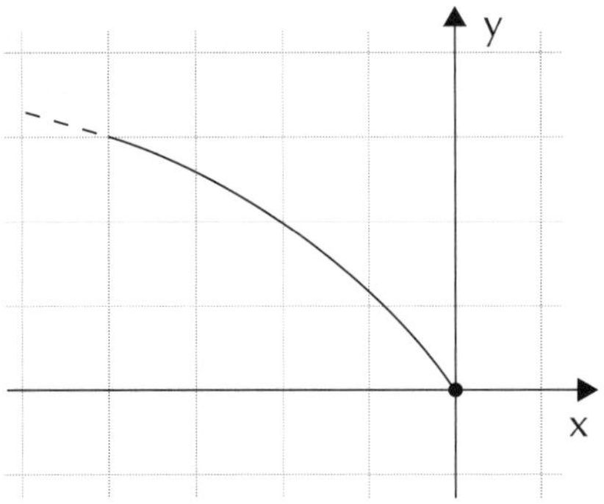
</td><td>b)
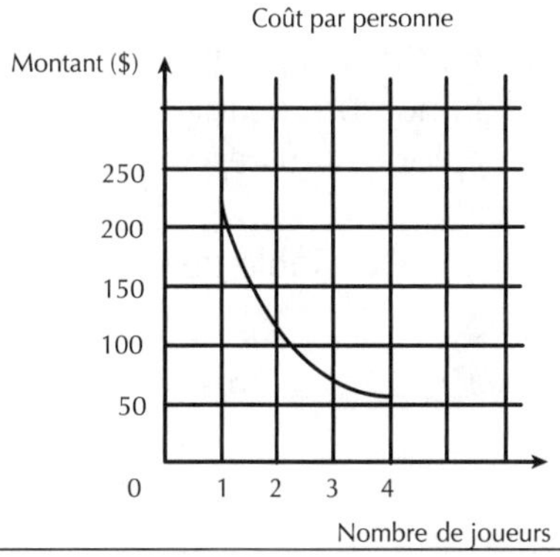
</td></tr>
<tr><td>1) Domaine</td><td></td><td></td></tr>
<tr><td>2) Image</td><td></td><td></td></tr>
<tr><td>3) Zéro(s)</td><td></td><td></td></tr>
<tr><td>4) Ordonnée à l'origine</td><td></td><td></td></tr>
<tr><td>5) Signe(s)</td><td></td><td></td></tr>
<tr><td>6) Extremum(s)</td><td></td><td></td></tr>
<tr><td>7) Croissance et/ou décroissance</td><td></td><td></td></tr>
<tr><td>8) Asymptote</td><td></td><td></td></tr>
</table>

<table>
<tr><td>Propriétés</td><td>c)
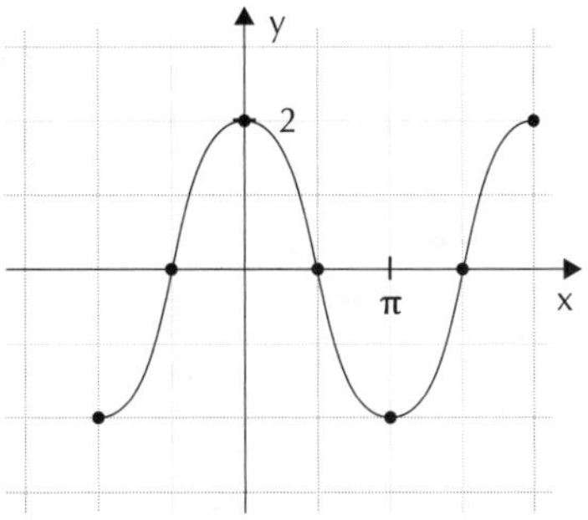
</td><td>d)
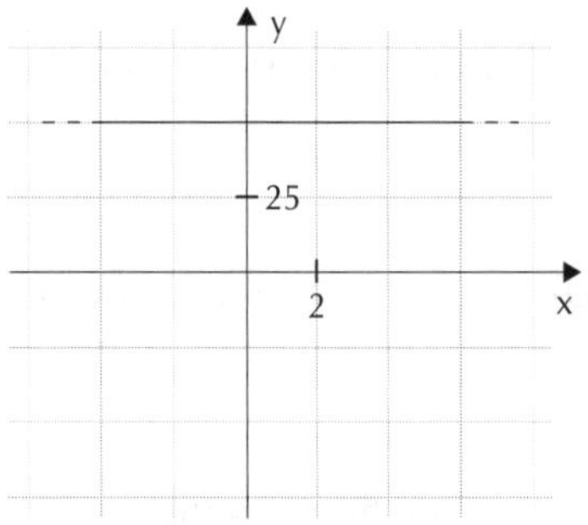
</td></tr>
<tr><td>1) Domaine</td><td></td><td></td></tr>
<tr><td>2) Image</td><td></td><td></td></tr>
<tr><td>3) Zéro(s)</td><td></td><td></td></tr>
<tr><td>4) Ordonnée à l'origine</td><td></td><td></td></tr>
<tr><td>5) Signe(s)</td><td></td><td></td></tr>
<tr><td>6) Extremum(s)</td><td></td><td></td></tr>
<tr><td>7) Croissance et/ou décroissance</td><td></td><td></td></tr>
<tr><td>8) Asymptote</td><td></td><td></td></tr>
</table>

exercice 8 «««««««««««««««««

Propriétés des fonctions

3. Pour un père de famille, faire du vélo avec ses enfants ne lui permet pas de brûler beaucoup de calories. En fait, on estime que dans un tel contexte, une personne adulte brûle 20 calories par tranche de 15 minutes de vélo pour une promenade en vélo ne dépassant pas une heure complète.

   a) Illustrer graphiquement cette situation, sachant que la variable indépendante est représentée par le nombre de minutes de vélo et que la variable dépendante est représentée par le nombre de calories brûlées.

Table de valeurs et calculs	

   b) Déterminer le domaine et l'image de la fonction.

   c) La fonction possède-t-elle un minimum ? Si oui, lequel ?

   d) Déterminer le maximum de cette fonction. Que représente-t-il ?

   e) La fonction est-elle croissante ou décroissante ? D'après le contexte du problème, est-ce logique ? Pourquoi ?

   f) Déterminer le zéro de la fonction. Est-ce logique ? Pourquoi ?

   g) Si la promenade en vélo dure un minimum de 30 minutes, quel est l'impact sur l'ensemble des propriétés ci-dessus ?

test

1. Déterminer les propriétés des fonctions suivantes, représentées sur un plan cartésien.

Propriétés	a) 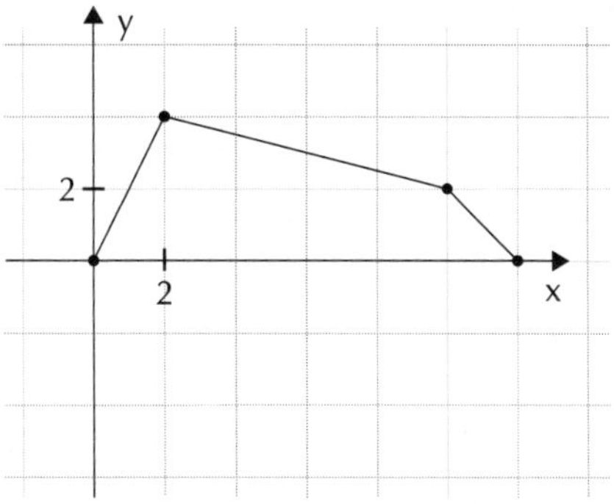	b) 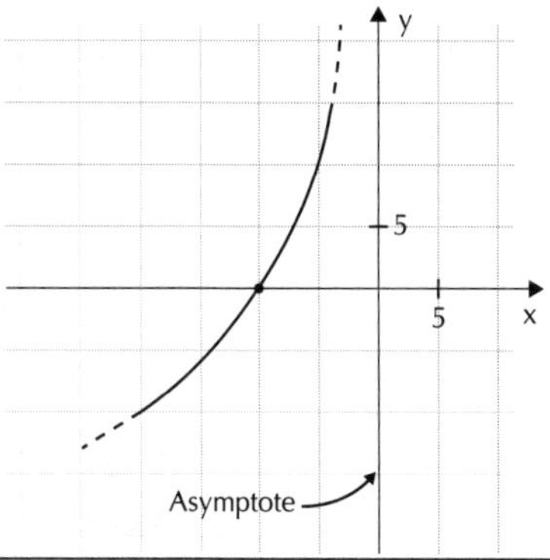
1) Domaine		
2) Image		
3) Zéro(s)		
4) Ordonnée à l'origine		
5) Signe(s)		
6) Extremum(s)		
7) Croissance et/ou décroissance		
8) Asymptote		

2. Le graphique ci-dessous représente une fonction exponentielle décrivant la croissance d'un montant placé de 1 000 $ que l'on soumet à un taux d'intérêt annuel de 5 % pendant 6 ans. Déterminer les propriétés demandées.

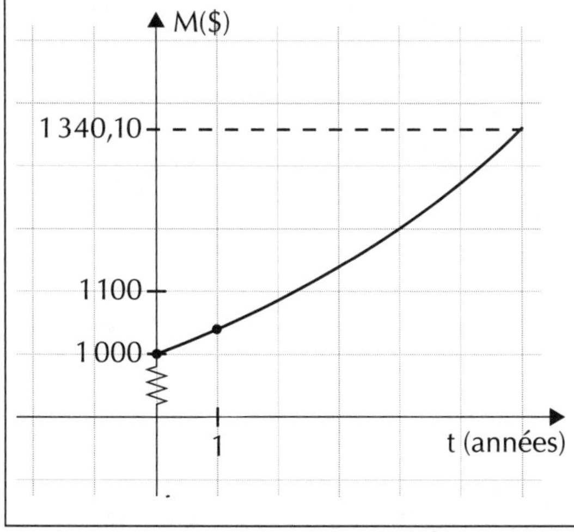	1) Domaine :
	2) Image :
	3) Ordonnée à l'origine :
	4) Zéro(s) :
	5) Signe(s) :
	6) Extremum(s) :
	7) Croissance et/ou décroissance :

exercice 9 «««««««««««««««««

Fonctions polynomiales du 2e degré

1. Déterminer les caractéristiques des fonctions suivantes.

	a) $f(x) = 3(-0,5x)^2$	b) $f(x) = -4x^2$
1) Paramètre a		
2) Paramètre b		
3) Sommet		
4) Ordonnée à l'origine		
5) Axe de symétrie (équation)		
6) Extremum		
7) Zéro		
8) Croissance et décroissance		
9) Domaine		
10) Image		
11) Signe		

2. Tracer la parabole représentative de la fonction $y = 2(2x)^2$:

Table de valeurs et calculs

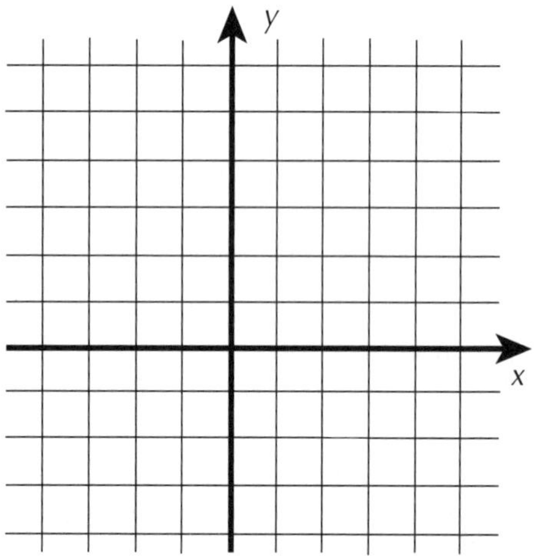

3. Déterminer la valeur du paramètre *a* de la fonction polynomiale du 2e degré ($f(x) = ax^2$; $b = 1$) représentée par la table de valeurs ci-dessous. Compléter la donnée manquante.

a = __________

x	-2	-1	0	1	2	3
f(x)	-16	-4	0	-4	-16	?

4. Déterminer la valeur du paramètre *a* pour chacune des courbes ci-dessous, représentant des fonctions polynomiales du 2e degré ($f(x) = ax^2$; $b = 1$).

a) a = ________	b) a = ________
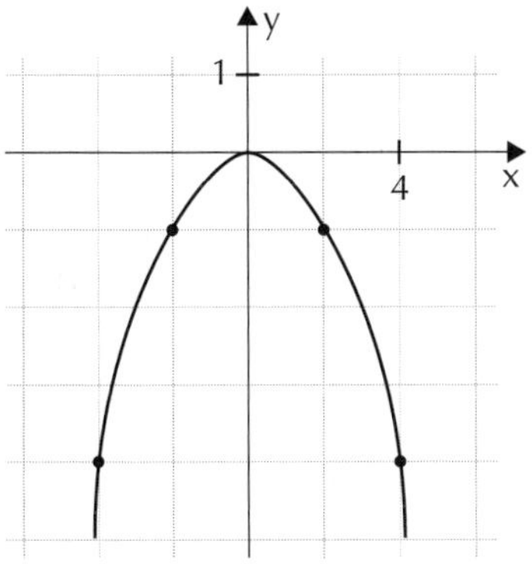	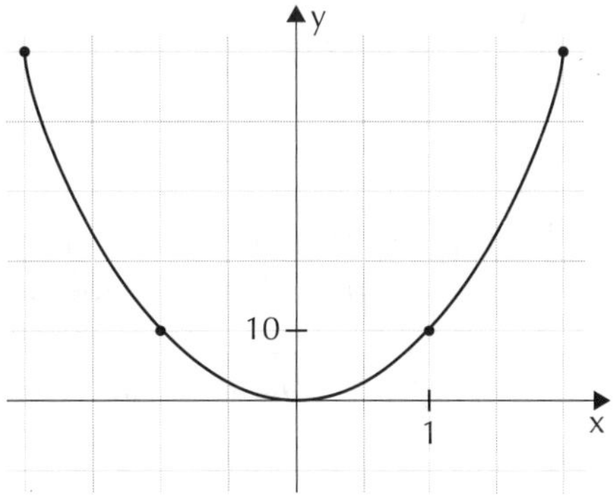

5. Représenter l'ensemble solution des inéquations suivantes.

a) $y \leq -(10x)^2$

Table de valeurs et calculs	
	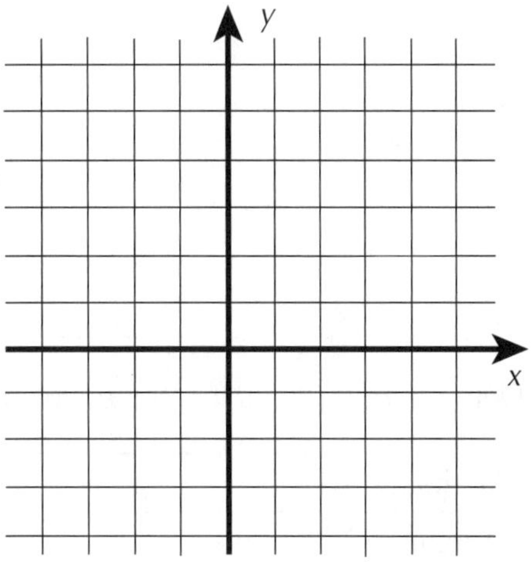

b) $y > x^2$

Table de valeurs et calculs	
	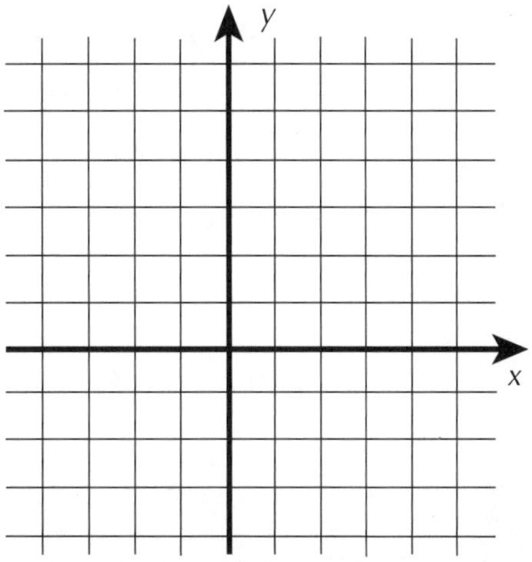

6. Pour gazonner une cour arrière de forme carrée, il est nécessaire de débourser 2,50 $ par mètre carré de surface.

   a) Déterminer une fonction polynomiale du 2e degré (b = 1) mettant en relation le montant total à débourser (M) et la mesure du côté (c) du carré formant la cour arrière ; bien identifier les unités de mesure.

   b) Sachant que la mesure du côté du terrain ne peut être négative, tracer un graphique pour des valeurs de *c* variant de 0 à 50 mètres.

Table de valeurs et calculs	

   c) Déterminer les caractéristiques suivantes de cette fonction.

1) Paramètre a	
2) Ordonnée à l'origine	
3) Extremums	
4) Croissance et décroissance	
5) Domaine	
6) Image	

   d) Déterminer le périmètre d'un terrain de forme carrée pour lequel la pose de gazon a coûté 1 322,50 $.

test

1. Un objet en mouvement possède une énergie cinétique (E_k) due à ce mouvement. Cette énergie est proportionnelle à la masse de l'objet (m), ainsi qu'au carré de sa vitesse (v), suivant ainsi à la relation suivante :

$$E_k = \frac{1}{2}mv^2$$

où E_k se mesure en joules (J), m en kilogrammes (kg) et v en mètres par seconde (m/s).

a) Tracer un graphique représentant cette relation pour une Smart dont la masse est de 750 kg, pour des vitesses allant de 0 à 30 m/s.

Table de valeurs	

b) Quelle est la valeur du paramètre *a* dans cette situation ?

c) Quelle est l'image de cette fonction ?

d) À quelle vitesse devrait rouler une motocyclette de 250 kg pour qu'elle possède la même énergie cinétique qu'une Smart roulant à 30 m/s ? Arrondir au centième près.

exercice 10

Fonction racine carrée

1. Déterminer les caractéristiques des fonctions suivantes.

	a) $f(x) = 2\sqrt{5x}$	b) $f(x) = -\frac{2}{3}\sqrt{-\frac{9}{7}x}$
1) Paramètre a		
2) Paramètre b		
3) Sommet		
4) Ordonnée à l'origine		
5) Extremum		
6) Zéro		
7) Croissance et décroissance		
8) Domaine		
9) Image		
10) Signe		

	c) $f(x) = -\sqrt{0,5x}$	d) $f(x) = \sqrt{-x}$
1) Paramètre a		
2) Paramètre b		
3) Sommet		
4) Ordonnée à l'origine		
5) Extremum		
6) Zéro		
7) Croissance et décroissance		
8) Domaine		
9) Image		
10) Signe		

2. Compléter les tables de valeurs suivantes.

a) $y = 6\sqrt{0,5x}$	
x	y
-1	a
0	b
c	12
18	d
e	24

b) $y = 8\sqrt{-x}$	
x	y
-100	a
b	16
-1	c
d	0
2	e

3. Tracer la courbe représentative de chacune des fonctions suivantes.

a) $y = 2\sqrt{x}$

Table de valeurs

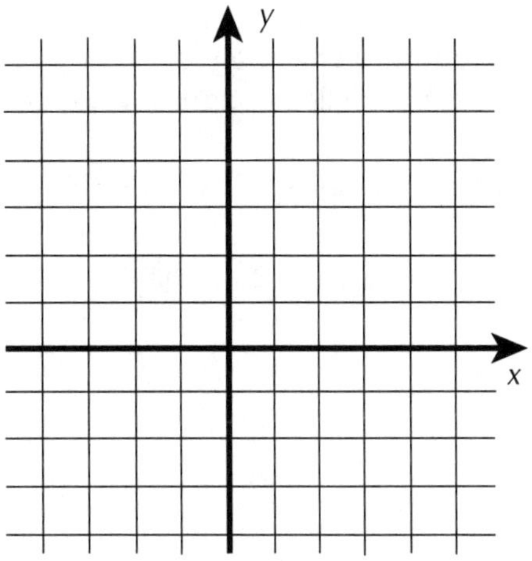

b) $y = -\sqrt{-x}$

Table de valeurs

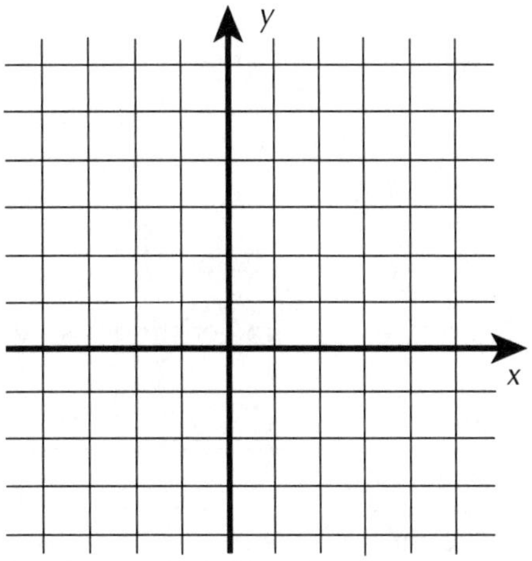

c) $y = -0{,}2\sqrt{4x}$

Table des valeurs

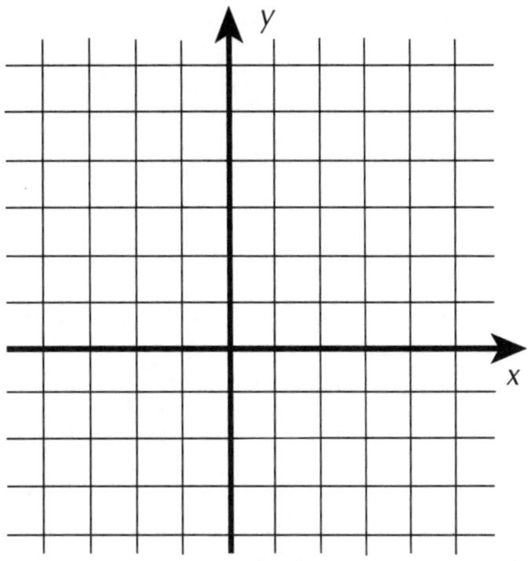

exercice 10 «««««««««««««««««

Fonction racine carrée

4. La période (T) d'un pendule correspond au temps requis par celui-ci pour effectuer un aller-retour complet. Cette période ne dépend que de la longueur du pendule, comme le démontre la relation suivante :

$$T = 2\pi\sqrt{\frac{L}{g}}$$

où T se mesure en secondes (s) et L en mètres (m). La lettre g représente une constante reliée à la planète sur laquelle le pendule est en opération. Sur Terre, elle vaut environ 10 m/s^2.

a) Tracer un graphique de cette relation, en supposant que $g = 10$ m/s^2.

Table de valeurs	

b) Déterminer les caractéristiques suivantes de cette fonction.

1) Paramètre a	
2) Paramètre b	
3) Ordonnée à l'origine	
4) Croissance et décroissance	

c) Si le pendule du professeur Tournesol mesure 12 cm, combien de temps prend-il pour faire 10 allers-retours ? Arrondir au millième près.

d) Quelle est la longueur d'un pendule dont la période est égale à 8 secondes ? Arrondir au centième près.

test

1. Contrairement aux liquides, la viscosité des gaz augmente avec la température. Par exemple, la viscosité de l'air (μ) en fonction de la température (T) varie selon la relation suivante :

$$\mu = 14\sqrt{T}$$

où μ se mesure en centipoises (cP) et T en kelvins (K).

a) Tracer un graphique représentant cette relation pour des températures variant entre -73 °C (200 K) à 127 °C (400 K).

Table de valeurs	

b) Dans ce contexte, la fonction possède-t-elle à la fois un minimum et un maximum ? Préciser.

c) La température maximale atteinte par un four est d'environ 500 °F, ce qui correspond à 260 °C (533 K). Quelle est la viscosité de l'air dans le four à cette température ? Arrondir au dixième près.

d) À quelle température l'air atteint-il une viscosité de 500 cP ? Arrondir à l'unité près.

exercice 11

Fonction exponentielle

1. Déterminer les caractéristiques des fonctions exponentielles suivantes.

	a) $f(x) = 2(3)^{4x}$	b) $f(x) = -3\left(\frac{4}{7}\right)^{-x}$
1) Paramètre a		
2) Paramètre b		
3) Paramètre c		
4) Ordonnée à l'origine		
5) Croissance et décroissance		
6) Domaine		
7) Image		
8) Signe		

	c) $f(x) = (0,9)^{4x}$	d) $f(x) = 1000(2)^{x}$
1) Paramètre a		
2) Paramètre b		
3) Paramètre c		
4) Ordonnée à l'origine		
5) Croissance et décroissance		
6) Domaine		
7) Image		
8) Signe		

2. Représenter graphiquement la fonction $y = 50\ 000(2)^{0,5x}$.

Table de valeurs

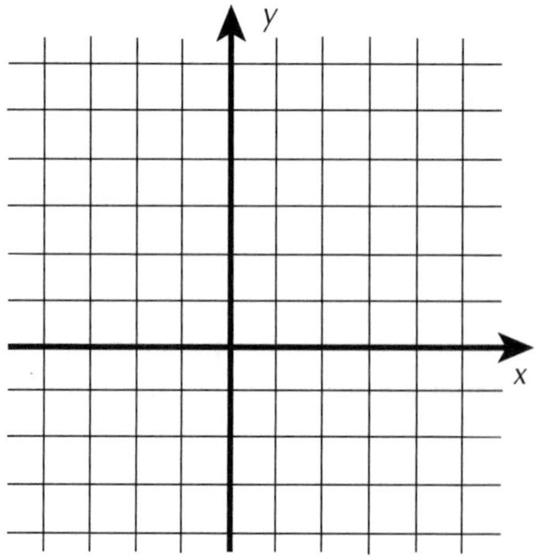

3. Dans un quartier résidentiel, la valeur d'une maison augmente de 2 % en moyenne par année. Donc, une maison valant x $ en 2008 vaudrait 1,02x $ en 2009.

   a) Déterminer une fonction exponentielle déterminant la valeur de la maison à partir de 2008, année pendant laquelle la maison valait 150 000 $; bien identifier les variables et les unités de mesure.

   b) S'il s'avère nécessaire de vendre la maison en 2018, quel prix pourrait être offert par un éventuel acheteur ?

   c) À ce rythme, en quelle année la maison vaudra-t-elle le double de sa valeur de 2008 ?

4. Une voiture déprécie de 20 % par année, c'est-à-dire qu'elle vaut présentement 80 % (100 % – 20 % = 80 %) de ce qu'elle valait il y a une année.

   a) Construire une fonction exponentielle déterminant la valeur (V) d'une voiture neuve de 20 000 $ achetée en 2010, en fonction du temps (t) ; bien identifier les unités de mesure. Arrondir au millième près.

   b) Combien d'années précisément sont nécessaires pour que la valeur d'une voiture atteigne la moitié de sa valeur à neuf ? Arrondir au millième près.

   c) Est-il possible que la valeur de cette voiture ne vaille plus rien ? Expliquer.

   d) À quel prix le propriétaire de la voiture peut-il espérer la vendre en 2020 ?

exercice 11 «««««««««««««««

Fonction exponentielle

5. La population d'une bactérie, initialement estimée à 1 000 individus, double toutes les 30 minutes.

   a) Déterminer une fonction exponentielle mettant en relation le nombre de bactéries (n) et le temps (t) en heures.

   b) Tracer un graphique de cette fonction.

Table de valeurs	

   c) Déterminer les caractéristiques suivantes de cette fonction.

1) Paramètre a	
2) Paramètre b	
3) Paramètre c	
4) Ordonnée à l'origine	
5) Croissance et décroissance	
6) Domaine	
7) Image	
8) Signe	

   d) Quelle population de bactéries sera atteinte 90 minutes après le début de la reproduction ?

   e) On désire stopper la reproduction des bactéries lorsque leur population aura atteint 100 000 individus. Quand cela sera-t-il possible ? Arrondir au millième près.

test

1. Déternimer les caractéristiques et tracer le graphique de la fonction $y = 3(0,25)^{-2x}$.

1) Paramètre a	
2) Paramètre b	
3) Paramètre c	
4) Ordonnée à l'origine	
5) Croissance et décroissance	
6) Domaine	
7) Image	
8) Signe	

9) Graphique

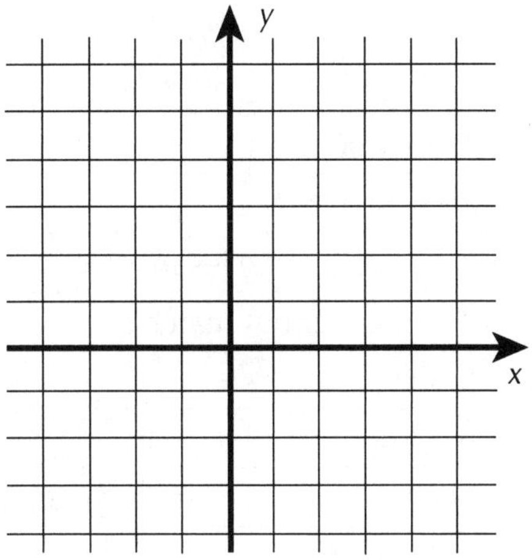

2. Dans un réacteur, la masse (m) d'un réactif diminue de moitié à toutes les 20 minutes.

   a) Déterminer une fonction mettant en relation la masse du réactif en grammes et le temps (t) en heures, si la masse initiale du réactif est de 20 grammes.

   b) Quelle masse du réactif restera-t-il après une demi-heure? Arrondir au millième près.

   c) La masse du réactif sera négligeable lorsqu'elle atteindra 100 milligrammes. Combien de temps cela prendra-t-il? Arrondir au millième près.

exercice 12

Fonction partie entière

1. Résoudre les opérations mathématiques suivantes.

a) $[15] =$ _____ b) $[2{,}99] =$ _____ c) $[-2{,}99] =$ _____ d) $[-0{,}01] =$ _____

e) $[0{,}01] =$ _____ f) $\left[\frac{3}{4}\right] =$ _____ g) $\left[-\frac{8}{7}\right] =$ _____ h) $[\pi] =$ _____

2. Déterminer les caractéristiques des fonctions suivantes.

	a) $f(x) = 2[3x]$	b) $f(x) = -\frac{1}{2}[x]$
1) Paramètre a		
2) Paramètre b		
3) Hauteur entre les marches		
4) Longueur des marches		
5) Zéros		
6) Ordonnée à l'origine		
7) Croissance et décroissance		
8) Domaine		
9) Image		

	c) $f(x) = -1500[-x]$	d) $f(x) = 1{,}5[-4x]$
1) Paramètre a		
2) Paramètre b		
3) Hauteur entre les marches		
4) Longueur des marches		
5) Zéros		
6) Ordonnée à l'origine		
7) Croissance et décroissance		
8) Domaine		
9) Image		

3. Déterminer les extremums de la fonction $y = [2x]$ pour des valeurs de x variant entre 1 et 9,25.

4. Déterminer la règle de chacune des fonctions partie entière illustrées ci-dessous.

a) f(x) = ______________

x	f(x)
]-3, -1,5]	-5
]-1,5, 0]	0
]0, 1,5]	5
]1,5, 3]	10

b) h(x) = ______________

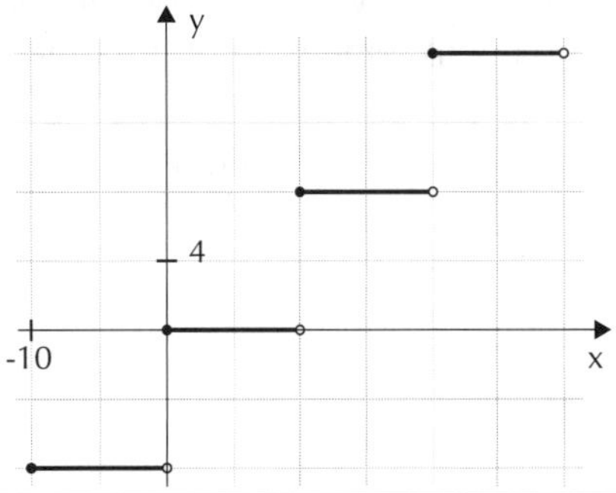

5. À l'aide des caractéristiques trouvées, tracer le graphique de ces fonctions.

a) $y = [x]$

		Graphique
Paramètre a		
Paramètre b		
Hauteur entre les marches		
Longueur des marches		

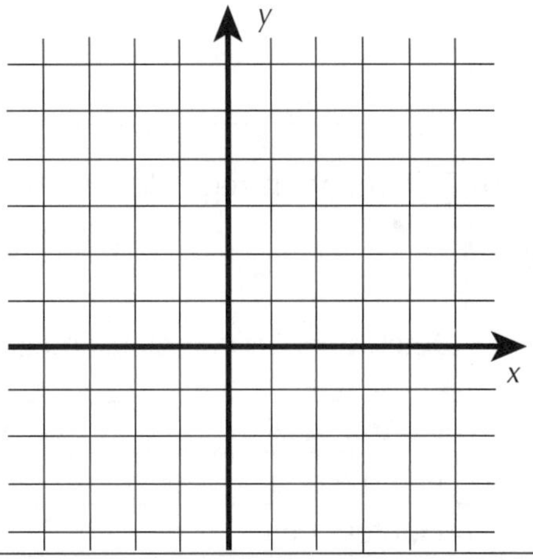

b) $y = -0{,}1[-5x]$

		Graphique
Paramètre a		
Paramètre b		
Hauteur entre les marches		
Longueur des marches		

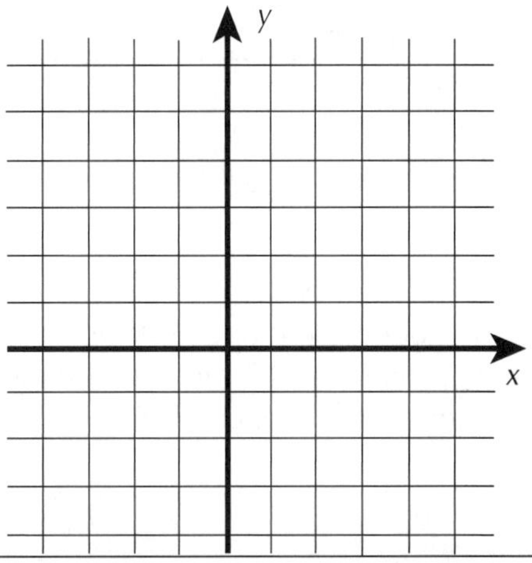

exercice 12

Fonction partie entière

6. La compagnie régissant l'utilisation du téléphone cellulaire de Charles lui soumet un tarif de 0,10 $ pour chaque minute amorcée d'un appel.

   a) Compléter une table de valeurs qui vous aidera à tracer un graphique mettant en relation le coût (C) d'un appel téléphonique et le temps (t) de cet appel en minutes.

Table de valeurs	

   b) Déterminer la règle de cette fonction; bien identifier les unités de mesure de ses variables.

   c) Déterminer les caractéristiques suivantes de cette fonction.

1) Paramètre a	
2) Paramètre b	
3) Hauteur entre les marches	
4) Longueur des marches	
5) Zéro	
6) Ordonnée à l'origine	
7) Croissance et décroissance	
8) Domaine	
9) Image	

   d) Quel sera le coût d'un appel d'une demi-heure?

   e) Quel est le montant de votre facture de téléphone si vous avez fait 3 appels de 12 secondes, 5 minutes, et 3 minutes 2 secondes pendant le mois de septembre, sachant que les frais fixes mensuels sont de 10 $?

test

1. Janick travaille dans un magasin. Elle n'a pas de salaire horaire, c'est-à-dire qu'elle travaille à commission. En fait, elle reçoit 10 $ pour chaque tranche complète de 20 $ de marchandises vendues dans une semaine.

   a) Compléter une table de valeurs qui vous aidera à tracer un graphique de cette fonction.

   Table de valeurs

   b) Déterminer la règle de cette fonction ; bien identifier les variables et leurs unités de mesure.

   c) Déterminer le domaine et l'image de cette fonction pour des ventes pouvant aller jusqu'à 1 000 $ inclusivement.

   d) Combien d'argent a-t-elle gagné si elle vend pour 825 $ de marchandises dans la semaine ?

   e) Si Janick a vendu pour respectivement 240 $, 230 $ et 355 $ de marchandises les dimanche, vendredi et samedi d'une même semaine, combien d'argent a-t-elle gagné cette semaine-là ?

exercice 13 «««««««««««««««««

Fonction définie par parties

1. Jean, un skieur de randonnée, effectue une excursion dans une région montagneuse. Le départ se situe à 300 mètres d'altitude, tandis que le chalet situé à mi-parcours est situé à 800 mètres d'altitude. À 4 km/h, Jean prend 3 heures pour se rendre au chalet. Après une pause-dîner d'une heure, Jean effectue le trajet du retour vers le départ en 2 heures.

   a) Quelle est la distance entre le départ et le chalet ?

   b) À quelle vitesse moyenne Jean effectue-t-il le trajet du retour ?

   c) Tracer le graphique de la distance (d) en kilomètres parcourue par Jean en fonction du temps (t) en heures.

   d) Déterminer le domaine et l'image de cette fonction.

   e) Déterminer les règles associées à chacune des trois parties de cette fonction.

Règle #1	Règle #2	Règle #3

2. Le graphique ci-dessous représente une fonction par parties déterminée par une voiture roulant entre deux feux de circulation sur le boulevard Champlain. La variable dépendante v représente la vitesse, tandis que la variable t représente le temps en secondes.

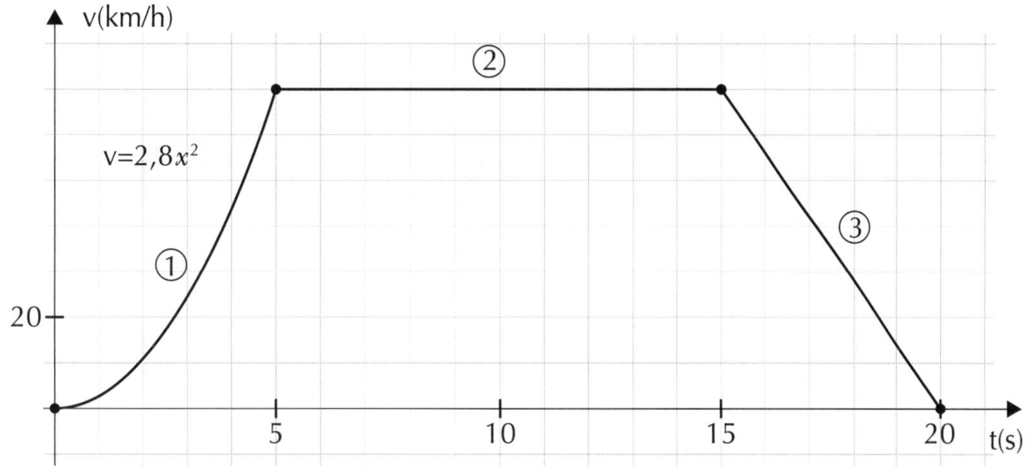

a) Déterminer les règles associées aux sections 2 et 3 du graphique.

Règle #1	Règle #2

b) Déterminer graphiquement le point de rencontre des deux règles.

c) Pendant combien de temps la voiture a-t-elle roulé à vitesse constante ? Au mètre près, quelle distance la voiture a-t-elle parcourue pendant ce temps ?

d) Quel est le domaine et l'image de cette fonction ?

e) Quel est le maximum de cette fonction ? Que représente-t-il ?

f) La fonction est-elle croissante ou décroissante dans la section 1 du graphique ? Que cela signifie-t-il ? Et la section 3 ?

exercice 13

Fonction définie par parties

3. Un conférencier parcourt les écoles primaires et secondaires dans le but de parler d'environnement. Pour atteindre un maximum de classes dans chaque école pour une même journée, le conférencier offre les tarifs suivants :

50 \$ pour chacune des deux premières classes visitées
30 \$ pour chacune des classes suivantes

a) Tracer un graphique représentant la variation des revenus (R) du conférencier en fonction du nombre (n) de classes visitées dans une école, pour un maximum de 8 classes visitées.

b) Déterminer les deux règles associées à cette fonction par parties.

Règle #1	Règle #2

c) Déterminer algébriquement le point de rencontre de ces deux règles.

d) Quel est le revenu maximal du conférencier dans une journée ?

e) Quel est le revenu moyen du conférencier par classe s'il visite six classes dans une journée ?

f) Quel serait le point de rencontre de la droite de la règle #2 avec l'axe des abscisses ?

test

1. Un entraîneur de hockey désire offrir aux joueurs de son équipe un entraînement supplémentaire.

   a) À l'aide des informations ci-dessous, tracer un graphique représentant l'évolution du rythme cardiaque moyen des joueurs (r) en fonction du temps (t) en secondes. Inscrire les règles associées à chacune des sous-fonctions de la fonction globale définie par parties.

   - Au départ, pendant 25 secondes, l'entraîneur parle à ses joueurs, si bien que leur rythme cardiaque moyen demeure constant à 60 battements/minute;
   - Ensuite, l'entraînement commence, si bien que le rythme cardiaque des joueurs suit une fonction racine carrée (b = 1) dont le sommet est (0, 0);
   - Enfin, après 75 secondes d'entraînement, les joueurs se reposent, si bien que leur rythme cardiaque diminue de 10 battements/minute par tranche de 20 secondes.

   b) Déterminer le rythme cardiaque maximal atteint par les joueurs.

   c) Déterminer la valeur de *t* lorsque le rythme cardiaque des joueurs atteint la valeur initiale, immédiatement après l'entraînement.

exercice 14

Étude de la droite

1. Transformer l'équation de ces droites sous la forme canonique.

   a) $2x + 3y - 1 = 0$ 　　b) $x = -2y + 1$

   c) $y + 4 = 0$ 　　d) $-x - y = 0$

2. Déterminer la pente (m), l'ordonnée (b) à l'origine et l'abscisse (a) à l'origine des droites suivantes.

   a) $y = 2x + 5$ 　　b) $y = 3$

   c) $x + 3 = 4$ 　　d) $5x + 0{,}7y = 1{,}3$

3. Déterminer l'équation canonique d'une droite passant par les points :

   a) (1, 0) et (-4, -3) 　　b) (0, 0) et $\left(\frac{4}{3}, \frac{2}{3}\right)$

4. Déterminer l'équation d'une droite de pente -1,5 passant par le point (1, 4).

5. S'il y a lieu, déterminer le(s) point(s) de rencontre des paires de droites suivantes.

a) $y = -4x - 7$ et $y = x + 1$

b) $2x + 5y = 8$ et $x = 2y - 4$

c) $x - 2y = 8$ et $\frac{5}{2}x - 5y + 20 = 0$

d) $2x - 5y = 12$ et $y + 2,4 = 0,4x$

6. Déterminer l'équation canonique d'une droite passant par le point (1, 1) et qui est perpendiculaire à la droite d'équation $y = 3x + 7$.

7. Déterminer l'équation canonique de la droite passant par le point (-5, 0) et qui est parallèle à la droite d'équation $2x + 4y - 5 = 0$.

8. Les trois points (4, 5), (1, 3) et (-2, 1) appartiennent-ils à la même droite ? Pourquoi ?

9. Par définition, un trapèze est un quadrilatère possédant au moins deux côtés parallèles. Les points suivants (-2, 3), (1, -4), (3, 1) et (-9, 0) forment-ils un trapèze ? Expliquer.

exercice 14 ««««««««««««««««««

Étude de la droite

10. Prouver que le triangle formé par les points (0, 0), (4, 3) et (10, -5) est rectangle.

11. Soit un triangle formé par les points (-12, -1), (-8, 3) et (-4, -4).

    a) Déterminer l'équation canonique des trois droites formant les côtés de ce triangle.

    b) Déterminer l'équation canonique de la droite formée par la hauteur issue du point (-8, 3) du triangle.

test

1. Déterminer l'équation canonique, la pente (m), l'ordonnée (b) à l'origine et l'abscisse (a) à l'origine d'une droite passant par les points (-5, 2) et (3, -4).

2. S'il y a lieu, déterminer le(s) point(s) de rencontre des paires de droites suivantes.

   a) $y = 0{,}5x + 2$ et $x + 2y + 2 = 0$

   b) $x - 3 = 0$ et $-y - 1 = 6$

3. Un chemin de fer en ligne droite est représenté par l'équation $5x + 12y + 4 = 0$.

   a) Déterminer l'équation d'une route de campagne croisant perpendiculairement le chemin de fer et passant par l'origine du plan cartésien.

   b) Déterminer l'équation d'un sentier pédestre passant par le point (0, 5), parallèle à la route de campagne.

exercice 15

Distance entre deux points

1. Déterminer la distance entre les paires de points suivantes. Arrondir au millième près.

   a) (2, 4) et (5, 10)

   b) (-2, -1) et (-4, 6)

   c) (0, 0) et (-4, -8)

   d) (0, -5) et $\left(\frac{1}{3}, -\frac{4}{7}\right)$

2. La distance entre les points (x_1, 12) et (0, 4) est de 10. Quelles est la valeur de x_1 ?

3. Soit trois points A (4, 0), B (-2, 9) et C (0, y_3).

   a) Déterminer la distance entre les points A et B. Arrondir au centième près.

   b) En supposant que la distance entre les points A et C est égale à celle entre les points A et B, déterminer la valeur de y_3. Arrondir au centième près.

   c) Déterminer la distance entre les points B et C. Arrondir au millième près.

4. Dans un plan cartésien, une maison est située en (4, 4). Un restaurant A est situé en (-2, 3), tandis qu'un restaurant B est situé en (-1, 5). En supposant que le propriétaire de la maison désire aller manger dans le restaurant situé le plus près de chez lui, dans quel restaurant ira-t-il prendre son dîner ?

5. Le centre d'un cercle est situé en (-2, 4). Sachant que le point (3, 1) appartient au cercle :

   a) déterminer le diamètre de ce cercle. Arrondir au centième près.

   b) déterminer la circonférence de ce cercle. Arrondir au centième près.

   c) déterminer l'aire d'un demi-cercle possédant le même diamètre que le cercle ci-dessus. Arrondir au dixième près.

6. Un losange possède quatre côtés congrus. Les quatre points suivants d'un quadrilatère sont consécutifs : (-3, 2), (-1, -2), (3, 0) et (1, 4).

   a) Prouver qu'il s'agit d'un losange.

   b) Sachant que l'aire d'un losange est égale au demi-produit de ses deux diagonales, calculer l'aire de ce losange.

exercice 15 «««««««««««««««««

Distance entre deux points

7. Dans un plan cartésien, un triangle est rectangle en (0, -1). Sachant que les autres coordonnées du triangle sont (-3, 2) et (4, 3):

   a) déterminer la longueur de l'hypoténuse de ce triangle. Arrondir au millième près.

   b) calculer le périmètre de ce triangle. Arrondir au centième près.

   c) calculer l'aire de ce triangle.

8. Dans un parc national, les visiteurs reçoivent une carte leur permettant de s'orienter. La carte est sous forme d'un plan cartésien où chaque unité vaut 200 mètres. La maison d'accueil est situé en (0, 0), le site de camping en (5, 8), et le quai où s'effectue la mise à l'eau des canots est situé en (9, 2). Déterminer la distance réelle (en km) entre le site de camping et le quai. Arrondir au millième près ta réponse finale.

9. À Lac-Beauport, un terrain coûte environ 1,50 $/pied carré. Jean s'achète un terrain rectangulaire dont les sommets suivants sont consécutifs: (-2,-4), (1,-1) (3, -3) (0, -6). Chaque unité de ce plan cartésien vaut 60 pieds.

   a) Déterminer la longueur d'une clôture que devra acheter Jean pour délimiter son terrain. Arrondir au dixième près ta réponse finale.

   b) Déterminer le coût de ce terrain.

test

1. Déterminer la distance entre les paires de points suivantes. Arrondir au millième près.

   a) (0,25, 4) et $\left(1{,}5,\ \frac{7}{2}\right)$

   b) (8, 3) et (-1, -1)

2. Un carré est inscrit dans un cercle. Une diagonale de ce carré croise le cercle aux points (6, 4) et (-2, -4).

   a) Calculer l'aire du cercle. Arrondir au dixième près ta réponse finale.

   b) Calculer le périmètre du carré.

3. Jean quitte Québec (10 km, 10 km) pour se rendre à Chicoutimi (20 km, 210 km). Ensuite, il tourne à droite à angle droit pour se rendre à Tadoussac (170 km, 202,5 km).

   a) Quelle distance Jean parcourt-il au total ? Arrondir au dixième près.

   b) À vol d'oiseau, quelle est la distance entre Québec et Tadoussac ? Arrondir au dixième près.

exercice 16

Coordonnées d'un point de partage

1. Soit les points A(-2, 4) et B(4, 8).

   a) Déterminer les coordonnées du point P qui partage le segment AB dans un rapport 1 : 4.

   b) Déterminer les coordonnées du point Q qui partage le segment BA dans un rapport 6 : 2.

   c) Déterminer les coordonnées du point R situé aux $\frac{2}{3}$ du segment AB, à partir du point A.

   d) Déterminer les coordonnées du point S situé au $\frac{1}{4}$ du segment BA, à partir du point B.

   e) Déterminer le point milieu M_1 du segment AB.

   f) Déterminer le point milieu M_2 du segment reliant les points Q et R.

   g) Déterminer le point milieu du segment reliant les points M_1 et M_2.

2. Jean se déplace d'un point A(1, 100) à un point B(2, 225).

   a) Quelles sont les coordonnées de Jean s'il se trouve à un point situé dans un rapport 2 : 5, à partir du point A ?

   b) Quelles sont les coordonnées de Jean s'il a effectué les $\frac{2}{5}$ de son trajet ?

3. Les diagonales d'un parallélogramme se coupent en leurs milieux respectifs. Prouver que le quadrilatère formé des points consécutifs (1, 3), (3, 7), (6, 5) et (4, 1) forment un parallélogramme.

4. La famille Bouchard effectue un voyage. Ils partent de Québec (200, 200) en direction d'Ottawa (-200, 0). Ils suivent une nouvelle route qui dessert les deux capitales en ligne droite. À mi-chemin (Mont-Laurier), les enfants ont faim. La famille peut s'arrêter prendre un dîner rapide dans une halte routière située dans un rapport 7 : 5 entre Mont-Laurier et Ottawa ; ils peuvent aussi manger dans un restaurant situé à 60 % de la distance entre Mont-Laurier et Ottawa, à partir de Mont-Laurier. Lequel de ces choix est le plus judicieux, sachant que les enfants ne pourront plus tenir très longtemps le ventre vide ?

exercice 16 «««««««««««««««

Coordonnées d'un point de partage

5. Quelles sont les coordonnées du point d'intersection entre un segment AB et sa médiatrice si les coordonnées du point A et du point B sont respectivement (1, 1) et (-4, 2) ?

6. L'Étape (2, 120) est située à mi-chemin entre Québec (-4, 20) et Chicoutimi.

   a) Quelles sont les coordonnées de Chicoutimi ?

   b) Si le mont Apica (-10, 160) est situé au $\frac{2}{5}$ de la distance entre L'Étape et Roberval (à partir de L'Étape), déterminer les coordonnées de Roberval ?

7. Soit deux points A(x_1, y_1) et B(-3, 0). Le point P(2, 5) coupe le segment AB dans un rapport 4 : 9. Quelles sont les valeurs de x_1 et de y_1 ?

8. Le segment AB est formée des points A(-2, -3) et B(6, 5). Le point (1, 0) partage le segment dans un rapport m : n, où m et n sont des entiers positifs. Quelles sont les valeurs minimales de m et de n ?

test

1. Soit les points A(-3, -7) et B(2,25, 9). Déterminer le point milieu des points P et Q si le point P partage le segment AB dans un rapport 2 : 3, et si le point Q est situé aux $\frac{2}{3}$ du segment AB, à partir du point A.

2. Le segment reliant deux points A et B d'un cercle passe par le centre (O) de ce cercle. Quelles sont les coordonnées de ce point O si celles des points A et B sont respectivement (6, 4) et (-2, 5) ?

3. Soit le segment dont les extrémités sont formées par les points A(3, 3) et B(-3, -3). Si le point $\left(\frac{1}{2}, \frac{1}{2}\right)$ est situé au $\frac{a}{b}$ du segment BA à partir du point B, quelles sont les valeurs minimales de a et de b ?

4. Un oiseau est perché sur un fil électrique entre un poteau A(40, 0) et un poteau B(80, 0). Si l'oiseau est perché à 40 % du segment AB à partir du point A, quelles sont les coordonnées de l'oiseau ?

exercice 17

Rapports trigonométriques dans le triangle rectangle

1. Quelle est la valeur des relations trigonométriques demandées ? Arrondir à 4 décimales près, s'il y a lieu.

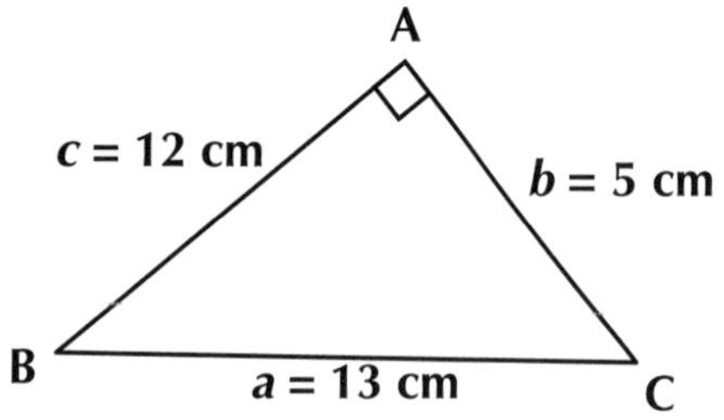

a) sin C =
b) cos C =
c) tan C =
d) sin B =
e) cos B =
f) tan B =

2. Déterminer les mesures d'angles et de côtés manquantes. S'il y a lieu, arrondir les côtés au millièmes près et les mesures d'angles au dixième près.

a) 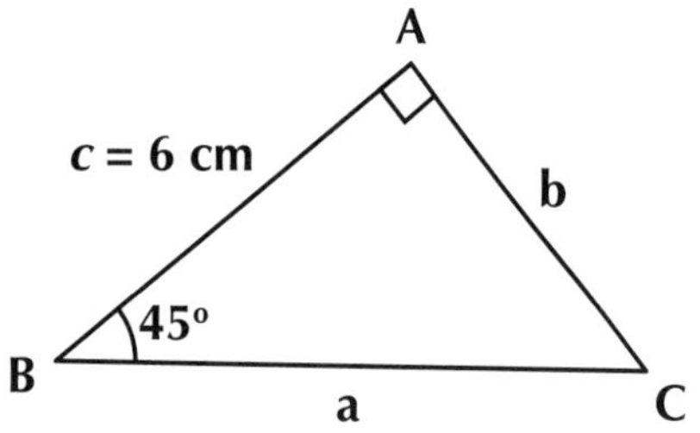	Calculs
b) 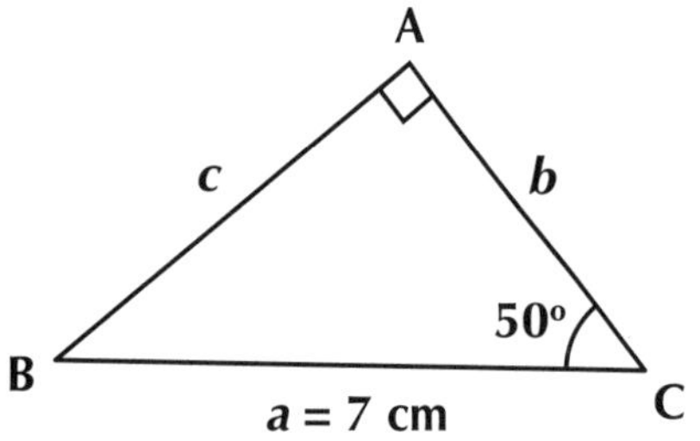	Calculs
c) 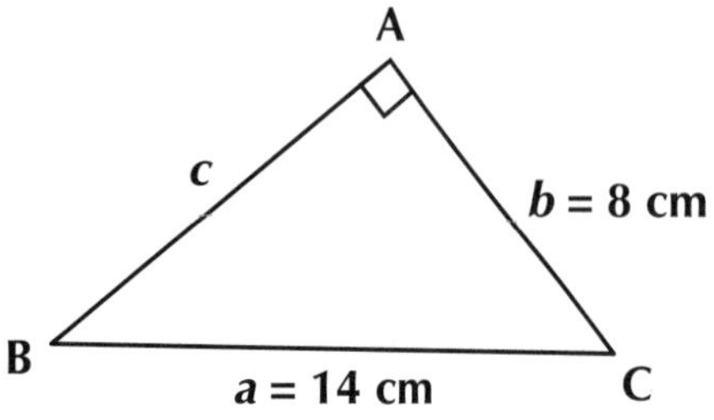	Calculs

3. La figure ABCD est-elle un carré ? Pourquoi ? Sinon, de quelle figure s'agit-il ?

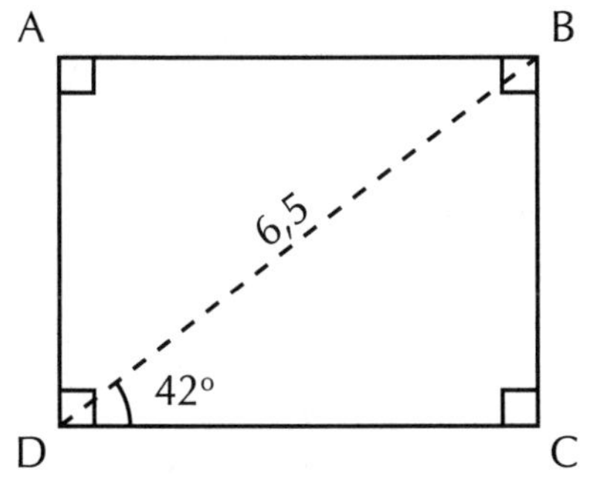	Calculs

4. Une échelle de 10 mètres de longueur, installée avec un angle d'élévation de 63°, permet-elle d'avoir accès au toit d'une maison, accessible à 9,2 mètres de hauteur. Sinon, quel devrait être l'angle d'élévation ?

Schéma	Calculs

5. Pour faciliter l'accès à son restaurant, un restaurateur installe une rampe d'accès pour personnes handicapées avec un angle d'élévation de 10°. Si la porte d'entrée du restaurant est située à 1,1 m du sol :

   a) Quelle devrait être la longueur de la rampe ? Arrondir au millième près.

   b) Au niveau du sol, quelle est la distance entre la base de la rampe et les fondations du restaurant ? Arrondir au millième près.

Schéma	Calculs

exercice 17

Rapports trigonométriques dans le triangle rectangle

6. Dans le schéma ci-dessous, déterminer la longueur du segment AB. Arrondir au centième près.

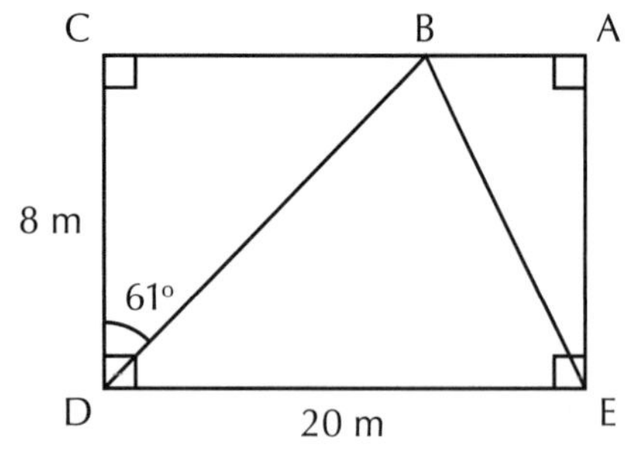

	Calculs

7. Quelle est la mesure de l'aire d'un triangle équilatéral de 8 mètres de côté? Indice: tracer une hauteur séparant le triangle équilatéral en deux triangles rectangles isométriques. Arrondir au centième près.

Schéma	Calculs

8. Roger (R) et Serge (S) observent une montgolfière (M) dans le ciel. Serge évalue à 100 mètres la distance entre la montgolfière et lui.

   a) Quelle est l'altitude de la montgolfière? Arrondir au centième près.

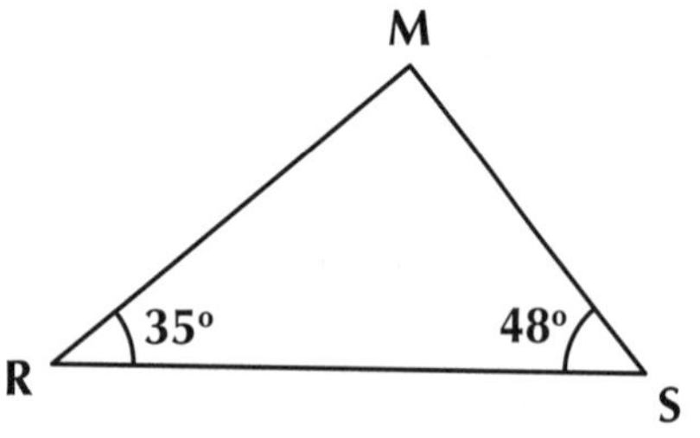

	Calculs

   b) Quelle est la distance entre Roger et la montgolfière? Arrondir au dixième près.

   c) Quelle distance sépare Roger de Serge? Arrondir au mètre près.

test

1. Lorsqu'un point sur un cercle sous-tend son diamètre, l'angle opposé à ce diamètre mesure 90°. Quelle est la mesure de l'aire de ce cercle ? Arrondir ta réponse finale au dixième près.

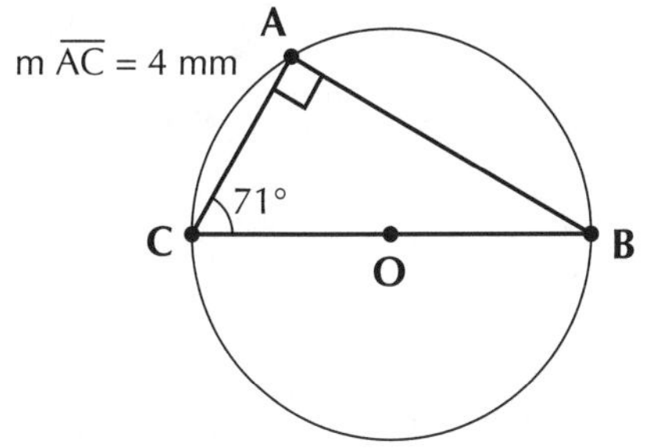	Calculs

2. Vue de côté, le pont de Kénogami ressemble à la structure ci-dessous. Quelle est la longueur du tablier de ce pont ? Arrondir au dixième près.

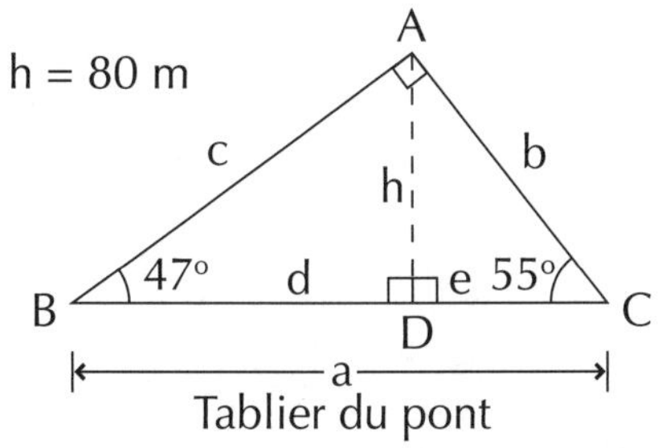	Calculs

3. Carole observe un ours dans un arbre. Apeurée quelque peu, elle décide de s'éloigner d'une distance de 10 mètres. Elle jette un coup d'œil à l'ours une dernière fois, alors que l'angle d'élévation est de 20°. Quelle distance séparait Carole et la base de l'arbre au départ, sachant que l'ours est à 17,5 mètres d'altitude ? Arrondir au centième près.

Schéma	Calculs

exercice 18

Relations métriques dans le triangle rectangle

1. Au sein de la figure suivante, déterminer les mesures des segments AB, AC, AD et CD. Arrondir au millième près, s'il y a lieu.

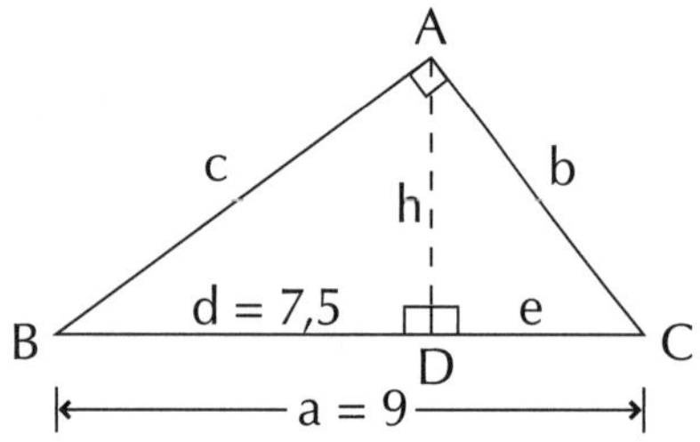

2. Au sein de la figure suivante, déterminer les mesures des segments AD, BD, CD et BC.

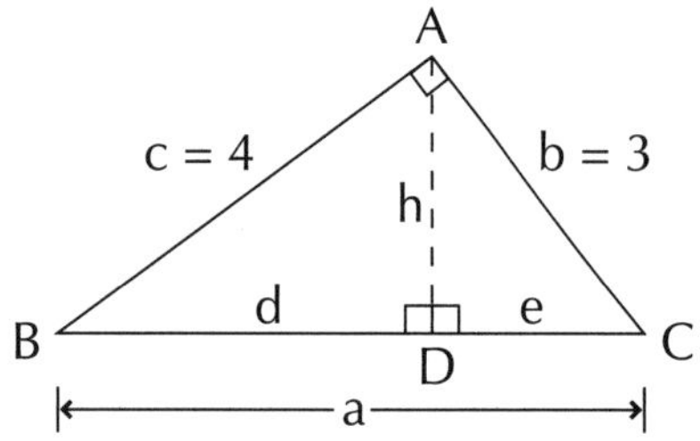

3. Au sein de la figure suivante, déterminer les mesures des segments AB, AD, BD et CD. Arrondir au millième près, s'il y a lieu.

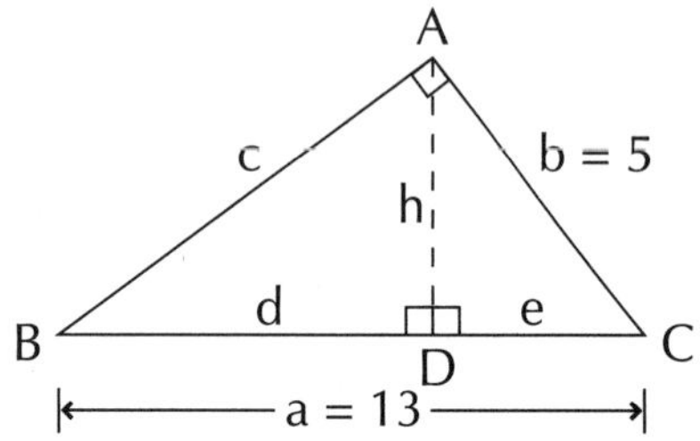

4. L'aire du triangle ABD ci-dessous est de 216 m². Déterminer les mesures des segments AB, AC, BD et CD.

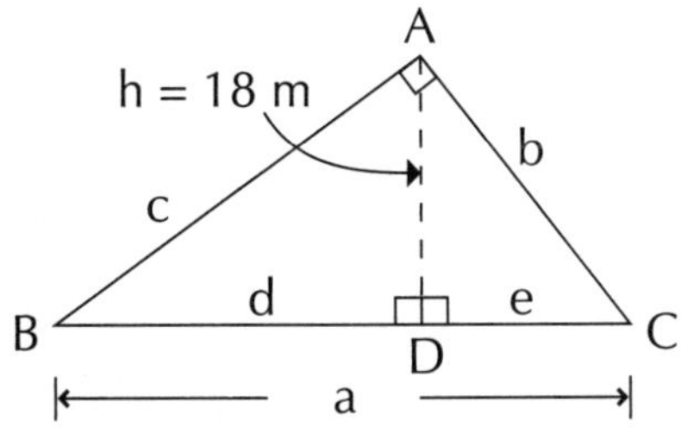

5. Soit le voilier suivant. Déterminer la hauteur de son mât à partir de l'embarcation au drapeau. Déterminer aussi l'aire de chacune de ses voiles. Arrondir les réponses au centième près.

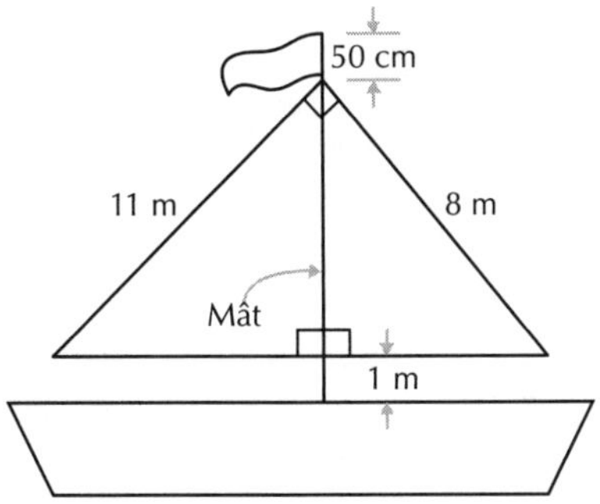

6. L'illustration ci-dessous monte la coupe latérale d'un toit asymétrique. Quelle est la longueur de la poutrelle verticale ? Arrondir au millième près.

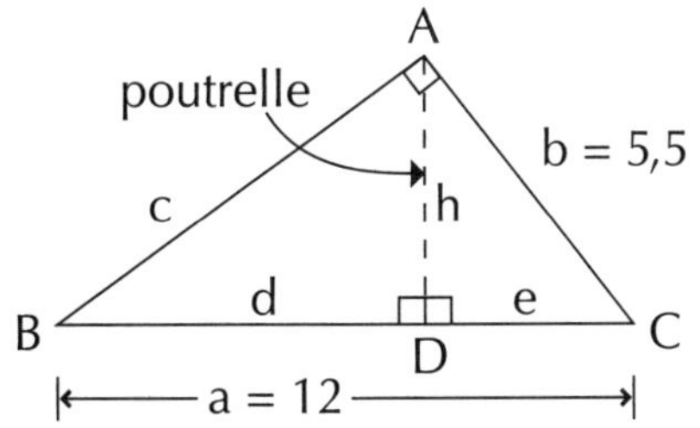

exercice 18

Relations métriques dans le triangle rectangle

7. Soit le rectangle ABCD ci-dessous. Déterminer les longueurs des segments BE et EF. Arrondir au centième près.

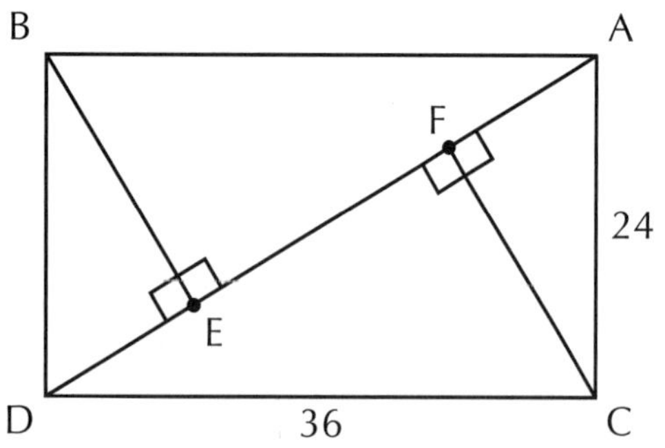

8. Déterminer la longueur des deux tiges reliant les sommets opposés du quadrilatère formant le cerf-volant suivant. Arrondir au centième près, s'il y a lieu.

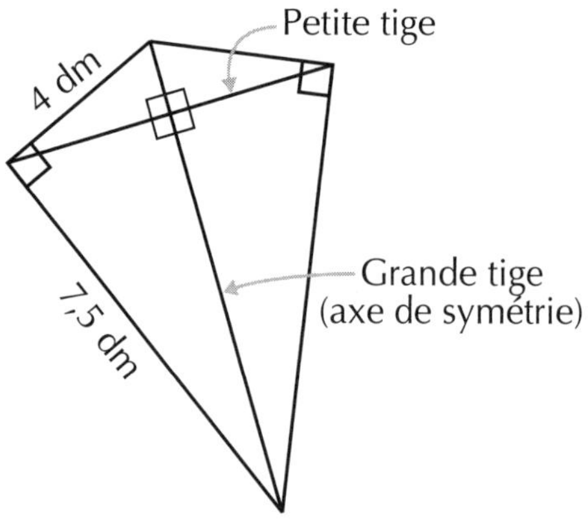

9. Deux voisins possèdent des terrains triangulaires adjacents. Déterminer l'aire de chacun des terrains.

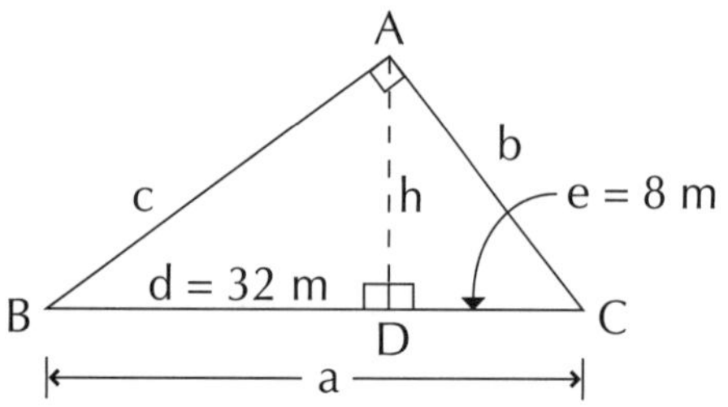

test

1. Au sein de la figure ci-dessous, déterminer les longueurs des segments AB, AC, BC et CD. Arrondir au millième près.

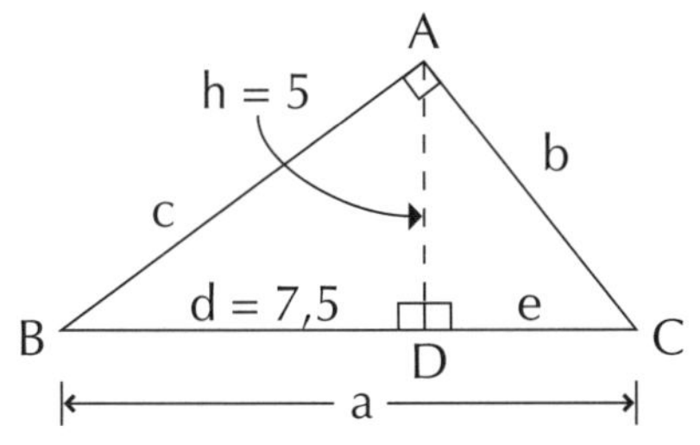

2. Lorsqu'un point sur un cercle sous-tend le diamètre de ce cercle, l'angle opposé à ce diamètre mesure 90°. Quelle est la mesure de la circonférence du cercle suivant ? Arrondir au centième près.

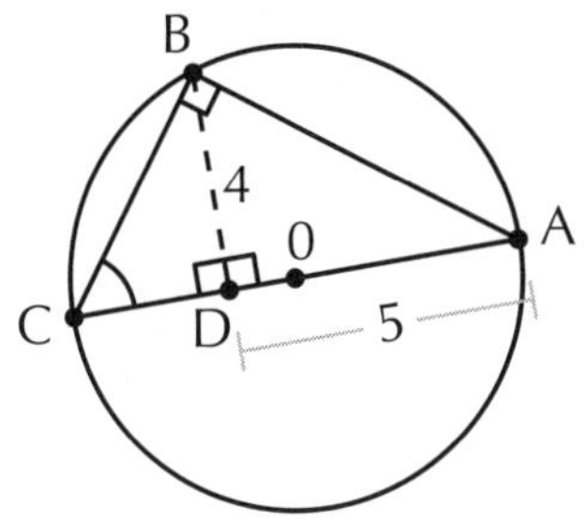

3. Soit le trapèze isocèle suivant. Déterminer la longueur de la hauteur EG. Arrondir au millième près.

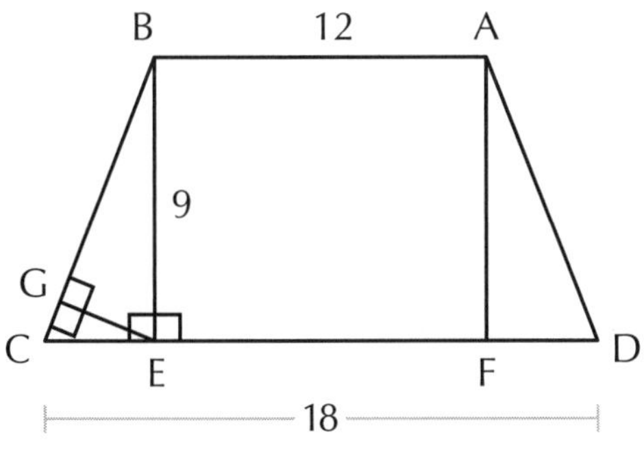

exercice 19

Mesures de dispersion : écart moyen et écart type

1. Calculer la moyenne des distributions suivantes. Arrondir au millième près, s'il y a lieu.

a) 3, 4, 6, 6, 7, 8, 12, 13, 15, 16, 19, 20	
b) 1, -11, -16, -9, 0, -15, -10	

2. Calculer la moyenne des distributions suivantes. Arrondir au centième près, s'il y a lieu.

a)

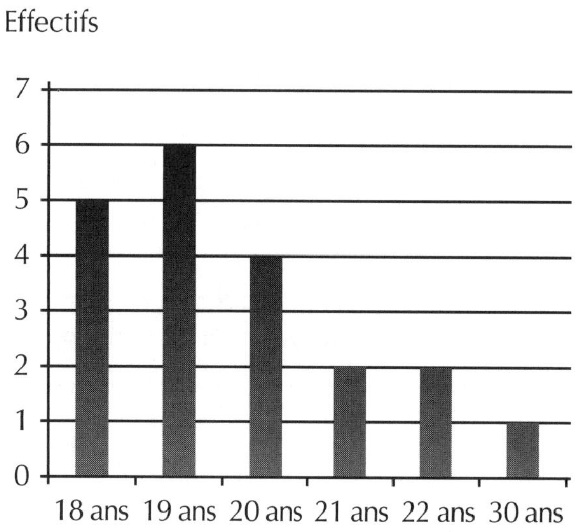

Calculs

b)

3	5
4	8
5	2 3 6
6	0 0 0 1 4 7 8
7	2 3 4 5 5 5 6 9
8	0 3 6 9
9	0 3

Calculs

c)

Fréquence	Nombre d'enfants
10	0
27	1
34	2
12	3
4	4
1	5
1	6

Calculs

3. Dans un club de bridge, on a demandé l'âge de chacun des membres du club. Les résultats sont compilés dans le tableau ci-dessous.

a) Calculer l'âge moyen des membres.

b) Compléter les cases du tableau.

Âge (ans)	$x_i - \overline{x}$	$\lvert x_i - \overline{x} \rvert$	$(x_i - \overline{x})^2$
40			
49			
50			
52			
53			
59			
59			
60			
61			
62			
62			
65			
66			
67			
70			
72			
Somme			

c) Déterminer l'écart moyen et l'écart type de cette distribution. Arrondir au millième près.

Écart moyen	Écart type

4. Calculer l'écart type de la distribution du numéro 1 a) précédent.

exercice 19

Mesures de dispersion : écart moyen et écart type

5. On a demandé aux élèves d'une classe d'une école secondaire combien de frères et sœurs ils avaient, incluant les demi-frères et les demi-sœurs. Le tableau ci-dessous illustre les résultats obtenus.

Fréquence	Nombre de frères/sœurs
6	0
13	1
8	2
3	3
1	4
1	6
1	9

a) Calculer le nombre de frères/sœurs moyen que possèdent les élèves de cette classe. Arrondir au millième près.

b) Compléter les cases vides du tableau ci-dessous.

Nombre de frères/sœurs	Fréquence (f)	$(x_i - \overline{x})^2$	$f \cdot \lvert x_i - \overline{x} \rvert$	$f \cdot (x_i - \overline{x})^2$
0	6			
1	13			
2	8			
3	3			
4	1			
6	1			
9	1			
Somme				

c) Déterminer l'écart moyen et l'écart type de cette distribution. Arrondir au dixième près.

Écart moyen	Écart type

test

1. La distribution ci-dessous illustre les températures maximales en °C enregistrées à Québec dans la première semaine du mois de mars.

-5, -4, 0, 2, 3, -12, -8

a) Calculer la température maximale moyenne enregistrée lors de cette semaine. Arrondir au millième près.

b) Compléter le tableau suivant et calculer l'écart type de la distribution. Arrondir l'écart type au millième près.

Température	$(x_i - \overline{x})^2$	Calcul de l'écart type
-5		
-4		
0		
2		
3		
-12		
-8		
Somme		

2. Le tableau démontre une distribution indiquant le nombre de cartes de crédit qu'ont en leur possession les citoyens québécois d'un quartier. Compléter le tableau suivant et effectuer le calcul de l'écart moyen. Arrondir la moyenne et l'écart moyen au millième près.

Nombre de cartes	Fréquence (f)	$(x_i - \overline{x})$	$f \cdot \lvert x_i - \overline{x} \rvert$
0	20		
1	100		
2	521		
3	54		
4	5		
Somme			

exercice 20 «««««««««««««««««

Corrélation linéaire

1. À l'aide des tables de valeurs ci-dessous, former un nuage de points. Déterminer le degré de corrélation linéaire, ainsi que le sens (positif ou négatif) de cette corrélation, en calculant le coefficient de corrélation linéaire.

   a) Déterminer la distance parcourue (d) en fonction du temps (t) pour une voiture.

t (min)	d (km)
0	0
15	25
30	50
45	75
60	100
75	125
90	150
105	175
120	200

Niveau de corrélation : Sens de la corrélation :	Coefficient de corrélation :

   b) Déterminer la masse d'une femme (M) en fonction du nombre de minutes d'exercices (t) effectuées par semaine.

t (min)	M (lbs)
30	150
60	145
90	141
120	134
150	130
180	124
160	128
50	144
130	132
170	127

Niveau de corrélation : Sens de la corrélation :	Coefficient de corrélation

2. À l'aide des tables de valeurs ci-dessous, former un nuage de points. Déterminer le degré de corrélation linéaire, ainsi que le sens (positif ou négatif) de cette corrélation, en calculant le coefficient de corrélation linéaire.

a) Déterminer la valeur (V) de la maison d'une famille en fonction du nombre d'enfants (n) dans cette famille.

N (enfants)	V ($)
1	500 000
2	300 000
2	200 000
2	250 000
2	400 000
2	450 000
3	200 000
3	300 000
3	400 000
4	450 000
4	300 000

Niveau de corrélation: Sens de la corrélation:	Coefficient de corrélation:

b) Déterminer le résultat d'étape (R) d'un élève en fonction du temps d'études quotidien (t).

t (min)	R (%)
20	50
30	63
45	62
50	66
54	75
60	72
60	73
70	75
90	77
110	95
120	97

Niveau de corrélation: Sens de la corrélation:	Coefficient de corrélation:

exercice 20 «««««««««««««««««

Corrélation linéaire

3. À l'aide des tables de valeurs ci-dessous, former un nuage de points. Déterminer le degré de corrélation linéaire, ainsi que le sens (positif ou négatif) de cette corrélation, en calculant le coefficient de corrélation linéaire.

   a) Déterminer le handicap au golf (H) en fonction du nombre d'heures d'entraînement hebdomadaire (n).

n (heures)	H
3	23
2	28
8	9
1	36
10	0
6	14
5,5	15
1,5	30
4	21

Niveau de corrélation : Sens de la corrélation :	Coefficient de corrélation :

   b) Déterminer le nombre de personnes (n) franchissant quotidiennement les tourniquets du Village Vacances Valcartier en fonction de la température maximale atteinte (T) dans la journée.

T (°C)	n (personnes)
20	450
29	950
26	720
26	300
30	1 000
15	200
16	380
22	550
28	880
24	650
24	350
22	600

Niveau de corrélation : Sens de la corrélation :	Coefficient de corrélation :

test

1. À l'aide des tables de valeurs ci-dessous, former un nuage de points. Déterminer le degré de corrélation linéaire, ainsi que le sens (positif ou négatif) de cette corrélation, en calculant le coefficient de corrélation linéaire.

   a) Déterminer le salaire annuel (S) d'une personne en fonction du nombre d'années d'études complétées (n).

n (a)	S ($)
8	20 000
9	25 000
11	40 000
13	55 000
14	60 000
17	70 000
18	75 000
19	80 000

Niveau de corrélation : Sens de la corrélation :	Coefficient de corrélation :

   b) Déterminer le nombre de buts (n) d'un joueur de hockey en fonction du nombre de matchs manqués (m) en raison de blessures dans une année.

m (matchs)	n (buts)
82	0
45	31
24	35
0	44
15	40
5	45
12	20

Niveau de corrélation : Sens de la corrélation :	Coefficient de corrélation :

exercice 21 ««««««««««««««««

Droite de régression

1. Après avoir ordonné les coordonnées en ordre croissant des abscisses (voir exercice 20, #1b), déterminer la droite de régression représentative de ces coordonnées en utilisant :

   a) la méthode de Mayer.

t (min)	M (lbs)

   b) la méthode médiane-médiane.

   c) D'après la droite de régression déterminée par la méthode médiane-médiane, quel est la masse d'une femme n'effectuant pas d'exercice ?

   d) D'après la droite de régression déterminée par la méthode de Mayer, quel temps une femme de 125 livres consacre-t-elle à l'exercice ?

2. Après avoir ordonné les coordonnées en ordre croissant des abscisses (voir exercice 20, #3b), déterminer la droite de régression représentative de ces coordonnées en utilisant :

a) la méthode de Mayer.

T (°C)	n (personnes)

b) la méthode médiane-médiane.

c) D'après la droite de régression déterminée par la méthode médiane-médiane, si le site accueille 750 personnes en une journée, quelle est la température maximale atteinte en ce jour ?

d) D'après la droite de régression déterminée par la méthode de Mayer, combien de gens seraient accueillis sur le site en une journée où la température maximale atteint 33 °C ?

exercice 21

Droite de régression

3. Après avoir ordonné les coordonnées en ordre croissant des abscisses (voir exercice 20, #3a), déterminer la droite de régression représentative de ces coordonnées en utilisant :

   a) la méthode de Mayer.

n (heures)	H

   b) la méthode médiane-médiane.

   c) D'après la droite de régression déterminée par la méthode médiane-médiane, quel est le nombre d'heures d'entraînement hebdomadaire qu'un golfeur doit consacrer s'il veut atteindre un handicap de 5 ?

   d) D'après la droite de régression déterminée par la méthode de Mayer, combien d'heures un golfeur ayant un handicap de 25 consacre-t-il par année à l'entraînement, sachant que la saison de golf dure 20 semaines ?

test

1. Après avoir ordonné les coordonnées en ordre croissant des abscisses (voir test 20, #1a), déterminer la droite de régression représentative de ces coordonnées en utilisant :

   a) la méthode de Mayer.

n (a)	S ($)

   b) la méthode médiane-médiane.

   c) Après avoir obtenu un doctorat en chimie, un étudiant a survécu à 8 années d'université, sans compter les 13 années d'études préalables à l'admission à l'université. Quel salaire peut-il espérer obtenir à sa sortie de l'université d'après la droite de régression déterminée :

      i. par la méthode de Mayer ?

      ii. par la méthode médiane-médiane ?

exercice 22 «««««««««««««««««

Corrélation non linéaire et notation factorielle

1. Soit les nuages de points suivants. Par quelle fonction chacun de ces nuages peut-il être représenté ?

a) Asymptote : $y = 0$

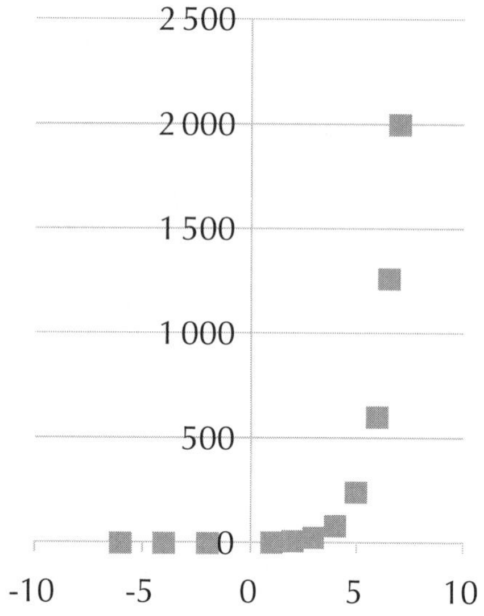

Fonction ______________________

b) Sommet : (0, 0)

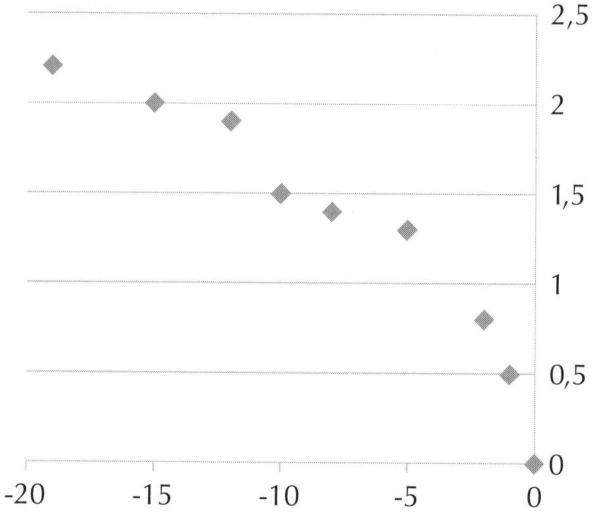

Fonction ______________________

c) Sommet : (0, 0)

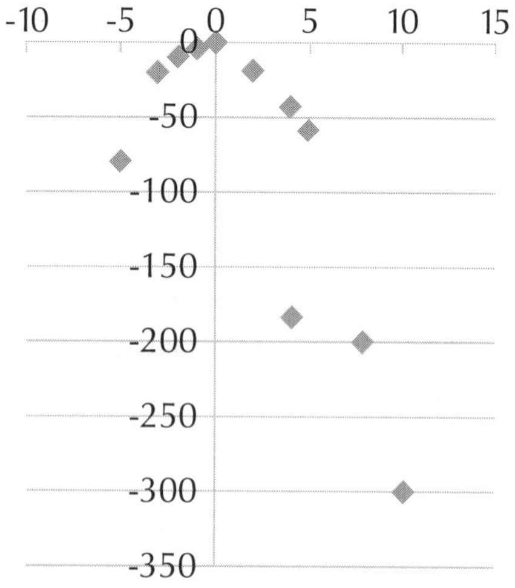

Fonction ______________________

d) Sommet : (0, 0)

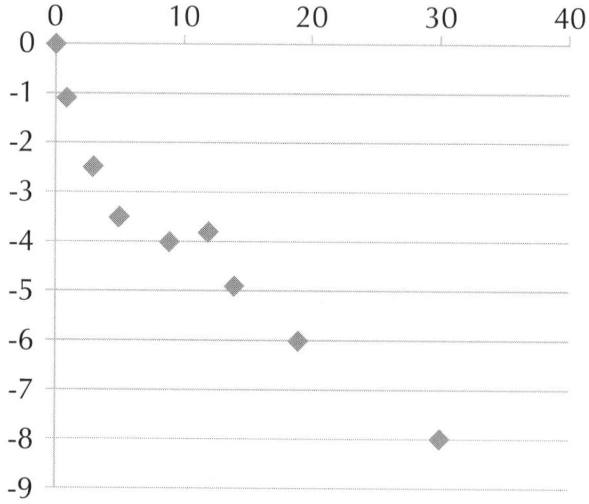

Fonction ______________________

2. Un parachutiste tombe en chute libre pendant les dix premières secondes suivant son saut de l'avion. Le tableau suivant représente la distance (d) parcourue par le parachutiste en fonction du temps (t) depuis le saut de l'avion.

t (s)	0	1	2	3	4	5	6	7	8	9	10
d (m)	0	4	22	45	79	130	180	250	320	400	500

Tracer le graphique de la distance (d) en fonction du temps (t). De quelle fonction s'agit-il ? Il s'agit d'une fonction ______________________________

3. En 1990, Jean-Pierre a déposé un montant d'argent dans des actions à haut risque. Jean-Pierre a obtenu un rendement énorme de ces investissements, si l'on se fie au tableau suivant illustrant la valeur de son investissement (M), incluant les intérêts, en fonction du nombre (n) d'années écoulées depuis 1990.

n (années)	0	1	2	3	4	5	6	7
M ($)	1 000	1 300	1 700	2 200	2 900	3 900	5 000	6 500

Tracer le graphique de la valeur de l'investissement en fonction du nombre d'années écoulées depuis 1990. De quelle fonction s'agit-il ? Il s'agit d'une fonction ____________________________.

exercice 22 «««««««««««««««««

Corrélation non linéaire et notation factorielle

4. Calculer la valeur des expressions suivantes.

a) $2! =$	b) $6! =$	c) $8! =$
d) $0! =$	e) $4! =$	f) $10! =$

5. Calculer la valeur des chaînes d'opérations suivantes.

a) $\frac{6!}{3!} =$

b) $12! - 6! =$

c) $2! + 6! \bullet 3! =$

d) $3! - (4! - 8!) =$

e) $\frac{30!}{6!(30-6)!} =$

f) $3 \bullet 6! + 2 \bullet 1! - 0! =$

6. Pour un tirage de type 6/49, le nombre de combinaisons possibles (x) est déterminé par la formule suivante :

$$x = \frac{m!}{n!(m-n)!}$$

où m représente le nombre de boules dans le boulier, tandis que *n* représente le nombre de boules tirées. Combien y a-t-il de combinaisons possibles aux loteries suivantes :

a) loto 6/49 (tirage de 6 boules dans un boulier de 49 boules) ?

b) loto MAX (tirage de 7 boules dans un boulier de 49 boules) ?

c) le mise-tôt (tirage de 4 boules dans un boulier de 36 boules) ?

test

1. La valeur d'une action acquise par Caroline en janvier 2008 a augmenté assez subitement immédiatement après son acquisition. Ensuite, le rythme de son augmentation s'est estompé. Le tableau démontre la différence (D) entre la valeur à jour de l'action et sa valeur initiale, et ce en fonction du nombre de mois suivant le moment de l'acquisition de l'action.

Mois	0	1	2	3	4	5	6	7
D ($)	0,30	0,43	0,52	0,60	0,68	0,75	0,80	0,84

Tracer le graphique illustrant cette situation. De quelle fonction s'agit-il ? Il s'agit d'une fonction ______________________________.

2. Calculer la valeur des expressions suivantes.

a) $2 \bullet \frac{4!}{1!} =$

b) $8! \div 3! =$

c) $0! \bullet 11! =$

d) $2! \bullet (5! - 100) =$

e) $\frac{36!}{6!(36-6)!} =$

f) $4! + 6! \div 0! =$

g) $(-2)! + 3 =$

h) $(6! - 4!) \div 6! =$

exercice 23

Événements exclusifs et non mutuellement exclusifs / probabilité subjective

1. Déterminer si les événements suivants sont exclusifs (E) ou non mutuellement exclusifs (NE).

   a) Obtenir un nombre pair et obtenir un nombre premier sur un dé à jouer : _____.

   b) Obtenir une carte de cœur et obtenir un 8 dans un jeu de cartes : _____.

   c) Obtenir un jour de la semaine possédant 6 lettres et obtenir un jour de la semaine qui commence par m : _____.

   d) Dans une soirée dansante, boire beaucoup de liquide et uriner : _____.

   e) Rencontrer une personne aux cheveux longs et rencontrer un homme : _____.

   f) Dans une classe, avoir entre 35 et 40 élèves et avoir un nombre d'élèves qui est un multiple de 11 : _____.

   g) Manger un légume et manger un aliment de couleur jaune : _____.

   h) Posséder une maison et ne pas avoir de paiements hypothécaires à faire : _____.

   i) Dans un jeu de cartes, piger un as de cœur et piger une carte noire : _____.

   j) Gagner moins de 20 000 $ par année et posséder une BMW : _____.

2. S'il y a lieu, déterminer les éléments communs associés à cette paire d'événements.

   a) Sur une paire de dés, obtenir deux chiffres semblables et obtenir une somme impair :

   ____.

   b) Dans un jeu de cartes, obtenir une figure supérieure à la dame et obtenir une carte noire :

   ____.

   c) Dans une urne contenant des jetons de Bingo, piger un jeton contenant la lettre I et piger un jeton qui est supérieur ou égal à 30 :

   ____.

   d) Sur un dé, obtenir un nombre multiple de 2 et obtenir un nombre multiple de 3 :

   ____.

   e) Dans un jeu de cartes, obtenir un nombre pair, obtenir un nombre plus petit que 3 et obtenir une carte rouge :

   ____.

»»»»»»»»»»»»»»» exercice 23

Événements exclusifs et non mutuellement exclusifs / probabilité subjective

3. Toutes les questions suivantes se rapportent à un jeu de cartes standard. L'as compte pour 1, les valets, dames et rois comptent respectivement pour 11, 12 et 13. Parmi les deux événements, quelle est la probabilité qu'au moins un des deux se réalise?

a) Obtenir un multiple de 3 **ou** obtenir un carreau:

b) Obtenir un nombre plus grand que 8 **ou** obtenir un nombre premier, sachant que 1 n'est pas premier:

c) Obtenir un 8 ou un 9 **ou** obtenir une carte rouge:

d) Obtenir une figure **ou** obtenir un nombre supérieur à 10:

e) Obtenir une carte rouge **ou** obtenir une carte de pique ou de trèfle:

f) Obtenir un 8 de trèfle **ou** obtenir une carte rouge:

g) Obtenir un nombre impair **ou** obtenir un nombre plus petit que 1:

h) Obtenir un valet, une dame ou un roi **ou** obtenir un as:

exercice 23 «««««««««««««««

Événements exclusifs et non mutuellement exclusifs / probabilité subjective

4. En 2010, une équipe de baseball possède une moyenne de 550, c'est-à-dire qu'elle gagne en moyenne 550 parties sur 1 000. D'après cette statistique, quelle est la probabilité (en pourcentage) qu'elle gagne :

   a) les deux prochaines parties ?

   b) aucune des deux prochaines parties ?

   c) seulement une des deux prochaines parties ?

   d) au moins une des deux prochaines parties ?

5. En Angola, on estime qu'en 2009, le taux de mortalité infantile a atteint une valeur incroyable de 180 ‰ (180 pour 1 000), c'est-à-dire que sur 1 000 enfants nés vivants, 180 sont morts avant d'avoir atteint l'âge de 1 an. Le 1er janvier 2010, si un village compte 250 enfants âgés entre 1 et 2 ans, combien d'enfants sont morts dans ce village en 2009 avant d'avoir atteint l'âge de 1 an ?

6. Le cheval Brown Dress a gagné 55 de ses 125 dernières courses. Quelle est la probabilité qu'il finisse deuxième ou pire lors de la prochaine course ?

7. En saison régulière (2009-2010), Alexander Ovechkin a marqué 50 buts en 72 matchs. En supposant que cette statistique soit valable pour les matchs des séries éliminatoires, quelle est la probabilité (en pourcentage) qu'Alexander Ovechkin ne marque pas lors des deux premiers matchs des séries éliminatoires ?

test

1. Déterminer si les deux événements suivants sont exclusifs ou non mutuellement exclusifs. S'ils sont non mutuellement exclusifs, déterminer les éléments communs à cette paire d'événements.

   a) Avec deux dés, obtenir deux chiffres différents et obtenir un total de 2.

   b) Regarder une femme et regarder une personne avec une pomme d'Adam.

   c) Dans un jeu de cartes, obtenir une carte rouge et obtenir un multiple de 6.

2. Au blackjack, vous pouvez obtenir un blackjack si l'un des deux événements suivants survient : la première carte tirée est une figure ou la première carte pigée est un as.

   a) Ces deux événements sont-ils exclusifs ? _____

   b) Quelle est la probabilité qu'au moins un des deux événements se produisent ?

3. En 2006, on estimait que 40 millions de personnes vivaient avec le VIH. Si la population mondiale comptait 6,9 milliards de personnes ;

   a) quelle est la probabilité en pourcentage que la prochaine personne que vous rencontrerez ait le VIH ?

   b) quelle est la probabilité en pourcentage que les 20 prochaines personnes que vous rencontrerez n'aient pas le VIH ?

exercice 24 «««««««««««««««««

Probabilité conditionnelle

1. Une étude sur le tabagisme a été effectuée auprès d'une école secondaire d'une commission scolaire. On posait la question suivante aux élèves : Avez-vous déjà essayé de fumer une cigarette ? Le tableau suivant montre les résultats obtenus :

	Pourcentage des élèves qui ont essayé la cigarette	
	Garçons	Filles
1ère secondaire	35 %	30 %
2e secondaire	45 %	43 %
3e secondaire	50 %	53 %

   a) Quelle est la probabilité qu'un garçon ait déjà essayé la cigarette, sachant qu'il est en 2e secondaire ? __________

   b) Quelles est la probabilité qu'une fille n'ait jamais essayé la cigarette, sachant qu'elle est en 3e secondaire ? __________

   c) En 1ère secondaire, sachant qu'il y a autant de filles que de garçons, quelle est la probabilité qu'un ou une élève n'ait jamais essayé la cigarette ? __________

2. De petits cadeaux sont tirés au hasard parmi six invités à une fête d'amis : une caméra numérique, deux boîtes de chocolats et trois certificats-cadeaux. Construire un arbre des probabilités pour les deux premiers tirages et répondre aux questions suivantes.

   a) Quelle est la probabilité que la caméra soit pigée au deuxième tirage, sachant qu'une boîte de chocolats a été pigée lors du premier tirage ? __________

   b) Quelle est la probabilité qu'un certificat-cadeau ne soit pas pigé au deuxième tirage, si un autre certificat-cadeau a été pigé précédemment ? __________

3. Le jeu de YUM est composé de 5 dés numérotés de 1 à 6 qu'on lance à 3 reprises. Vingt points sont accordés pour une longue suite, c'est-à-dire les chiffres 1 - 2 - 3 - 4 - 5 ou 2 - 3 - 4 - 5 - 6. Au premier lancer, un joueur obtient les chiffres 2 - 3 - 4 - 4 - 5. Au deuxième lancer, le joueur décide de relancer l'un des dés montrant le chiffre 4.

   a) Quelle est la probabilité qu'il obtienne la longue suite sur le deuxième lancer? __________

   b) Quelle est la probabilité qu'il n'obtienne pas la longue suite au troisième lancer, sachant qu'il a obtenu un 2 sur le deuxième lancer? __________

   c) À l'aide d'un arbre des probabilités, déterminer la probabilité qu'il obtienne une longue suite après le deuxième ou le troisième lancer?

Arbre	Calculs

4. Vous regardez à la télévision le tirage de la Loto 6/49. Comme le dit le nom de la loterie, on tire 6 boules dans un boulier contenant 49 boules. Vous avez choisi les numéros 3 - 10 - 13 - 36 - 40 - 45.

   a) Quelle est la probabilité que la quatrième boule tirée soit le 10, sachant qu'elle n'a pas été pigée précédemment?

   b) Quelle est la probabilité que la boule 10 ne soit pas tirée lors de la cinquième pige, sachant qu'elle n'a pas été tirée dans les piges précédentes?

   c) Quelle est la probabilité que la boule 10 soit tirée à la troisième pige, sachant qu'elle a été tirée à la deuxième pige?

exercice 24

Probabilité conditionnelle

5. Les jetons de bingo sont identifiés par les lettres du nom du jeu : B (1 à 15), I (16 à 30), N (31 à 45), G (46 à 60) et O (61 à 75). Il vous manque un seul jeton pour gagner, soit le O-63. Jusqu'à maintenant, tous ces jetons ont été pigés : B-3, B-8, B-13, I-21, I-23, I-27, I-29, N-34, N-37, G-55, G-56, G-58, G-59, O-62, O-73, O-75.

   a) Quelle est la probabilité que le O-63 soit pigé au prochain tour ?

   b) Quelle est la probabilité que le jeton suivant possède la lettre O ?

   c) Rendu à la 30e pige, quelle est la probabilité que le O-63 soit pigé, sachant qu'il n'a pas été pigé dans les piges précédentes ?

6. On effectue sans remise deux piges dans un sac contenant 5 billes rouges, 6 billes vertes et 7 billes bleues. À l'aide d'un arbre des probabilités, répondre aux questions suivantes.

Arbre

   a) Quelle est la probabilité d'obtenir une bille bleue ou rouge à la deuxième pige, sachant qu'une bille bleue a été pigée à la première pige ?

   b) Quelle est la probabilité d'obtenir une bille verte à la deuxième pige, sachant qu'une bille verte ou rouge a été pigée précédemment ?

test

1. En 2007, Statistique Canada met en évidence le grand nombre de personnes souffrant d'arthrite au Québec et en Ontario, les deux provinces les plus populeuses du Canada. Le tableau suivant est éloquent à ce sujet.

2007	Nombre de gens atteints d'arthrite	
	Québec	Ontario
Hommes	268 029	675 384
Femmes	468 125	1 086 983

Population du Québec en 2007 : 7 687 100
Population de l'Ontario en 2007 : 12 794 700

a) Sachant qu'une personne vient du Québec, quelle est la probabilité (en pourcentage) qu'elle soit atteinte d'arthrite ?

b) Sachant qu'une personne est une femme de l'Ontario ou du Québec, et qu'on suppose que la population du Québec et de l'Ontario est à moitié masculine et féminine, quelle est la probabilité (en pourcentage) que cette femme ne soit pas atteinte d'arthrite ?

2. Sur une roulette de casino, certains chiffres sont sur une case rouge (32, 19, 21, etc.), d'autres sont sur une case noire (15, 4, 2, etc.), tandis que le 0 est sur une case verte. Quelle est la probabilité que le chiffre obtenu soit un chiffre pair, sachant que la bille est tombée sur une case noire ?

	Calculs

exercice 25

Concept d'équité

1. Une roue chanceuse possède 1 montant de 1 000 $, 1 montant de 500 $, 2 montants de 250 $, 8 montants de 100 $, 10 montants de 50 $ et 50 montants de 10 $.

   a) Quelles sont les « chances pour » d'obtenir un montant de moins de 50 $?

   b) Quelles sont les « chances contre » d'obtenir un montant d'au moins 250 $?

   c) Quelle est la probabilité de gagner le montant minimal ?

   d) Déterminer l'espérance mathématique de cette roue chanceuse.

2. Sandra, une adolescente, est monitrice dans le camp d'été *La joie au rendez-vous.* Des groupes mixtes de moniteurs et de monitrices comprenant au total quatre personnes sont formés au hasard. À l'aide d'un arbre des probabilités, calculer les « chances pour » que Sandra soit accompagnée d'un garçon et de deux filles, en supposant que la probabilité d'être accompagnée d'un garçon ou d'une fille soit la même ?

Arbre	Calculs

3. Dans une foire, vous voulez organiser un jeu de hasard. L'organisation de la foire prévoit que 200 joueurs participeront à votre jeu. Elle désire que vous fassiez des profits totaux de 300 $.

Le jeu est simple. Le joueur lance deux dés. Si le total des dés est égal à 7, le joueur remporte 1 $. Si le total des dés est égal à 11, le joueur remporte 6 $. Quelle mise initiale devra être imposée aux joueurs pour encaisser les profits recommandés ?

4. Ce tableau élaboré par Statistique Canada montre l'âge au décès des femmes du Québec en 2007.

Âge au décès (ans)	Médiane (ans)	Effectif
0-9	4,5	38
10-19	14,5	66
20-29	24,5	180
30-39	34,5	210
40-49	44,5	875
50-59	54,5	1 923
60-69	64,5	3 198
70-79	74,5	5 943
80-89	84,5	9 870
90-119	104,5	6 005

a) Quelles étaient les « chances pour » qu'une femme meurt à un âge de 80 ans ou plus ?

b) Quelle était l'espérance de vie en 2007 ?

exercice 25 «««««««««««««««««

Concept d'équité

5. Jade, une petite fille de 8 ans, veut faire jouer un jeu de hasard aux piétons passant en face de la maison de ses parents. Le jeu est simple : si le joueur tire un as, il gagne 3,25 $; s'il tire une autre carte, il perd sa mise.

   a) Quelles sont les « chances contre » que le joueur tire un as ?

   b) Si les parents de Jade désirent qu'elle ne soutire aucun revenu de ce jeu, quelle mise Jade devrait-elle imposer aux joueurs ?

6. Un dé à jouer est usé, de telle sorte que la probabilité d'obtenir chacun des nombres n'est pas équivalente, ce que démontre le tableau suivant.

Chiffre	1	2	3	4	5	6
Probabilité	0,18	$\frac{1}{6}$	$\frac{1}{3}$	14,5 %	12 %	0,055

   a) Déterminer la moyenne des résultats obtenus avec ce dé, s'il a été lancé plus de 1 000 fois. Arrondir au centième près.

   b) Sachant le dé usé, Charles décide de l'utiliser pour soutirer un peu d'argent à ses collègues de bureau. Il décide d'offrir 10 $ à quiconque obtient un 6 lors du lancer de ce dé. Quelle mise minimale devra-t-il imposer pour s'assurer de faire un peu de profit ?

   c) Si Charles décide de conserver la mise calculée précédemment et qu'il décide d'offrir 10 $ à quiconque obtient un 3, quelle quantité d'argent risque-t-il de perdre si 50 joueurs participent au jeu ?

test

1. On tire une carte dans un jeu de cartes standard incluant les deux « jokers ». Déterminer les « chances pour », les « chances contre » et la probabilité de l'événement suivant : obtenir une carte rouge de meilleure valeur que le 10, mais pas un « joker » (l'as est considéré comme ayant une valeur supérieure à toutes les autres cartes).

« Chances pour »	« Chances contre »	Probabilité

2. Un commerçant suggère un jeu à ses clients. S'il obtient un 6 sur un dé à jouer, il offre un rabais de 1 $; s'il obtient un 1, il obtient 0,50 $ de rabais.

   a) Quelles sont les « chances pour » que chaque client obtienne un rabais ?

   b) Quelle quantité d'argent doit-il s'attendre à remettre dans une journée où environ 500 personnes entreront dans son commerce ?

3. À l'émission « Le bon prix », une roue est composée de multiples de 0,05 $ variant de 0,05 $ à 1,00 $. Le participant gagne 5 000 $ s'il arrive sur le montant de 0,05 $ ou de 0,15 $; il gagne 10 000 $ s'il arrive sur le montant de 1,00 $.

   a) Quelles sont les « chances contre » qu'un participant ne gagne aucun montant d'argent ?

   b) Calculer l'espérance mathématique en dollars de cette roue ?

Examen final

1. Un ornithologue examine ses statistiques d'observation des 10 dernières années. Il a observé le cardinal à tête noire en 1999 et en 2002, tandis qu'il a observé le mergule nain en 1998, 2005 et 2006. Estimer la probabilité qu'il observe l'une et/ou l'autre de ces deux espèces en cette nouvelle année.

2. La plupart du temps, le prix d'une tomate au kilogramme varie en fonction de la quantité de tomates achetée. Plus la quantité de tomates achetée est élevée, plus le prix au kilogramme de la tomate sera faible. En vous promenant dans un marché public, vous prenez note des différents prix offerts en fonction de la masse totale de divers contenants de tomates de différentes masses.

Masse (kg)	0,5	1	2	5	8	10	20
Coût ($)	3	4	6	10	11	12,50	18

Tracer le graphique du coût d'un contenant de tomates en fonction de sa masse. De quelle fonction s'agit-il ? Il s'agit d'une fonction ______________________________.

3. Le 1er janvier, à partir d'un restaurant (départ), deux voitures démarrent pour se rendre à une maison sur la rue des Lilas. La première voiture emprunte la route 175 et y roule pendant 30 minutes à 70 km/h avant d'emprunter la rue des Lilas. La deuxième emprunte la route 132 et y roule pendant 30 minutes à 90 km/h avant d'emprunter la rue des Lilas.

   a) Déterminer la valeur de l'angle entre la route 175 et la rue des Lilas. Arrondir au centième près.

   b) La rue Guy est une route secondaire permettant d'accéder à la maison plus rapidement. Puisqu'elle n'est pas ouverte l'hiver, nos deux voitures ne peuvent pas l'emprunter. Quelle est la longueur de cette rue ? Arrondir au centième près.

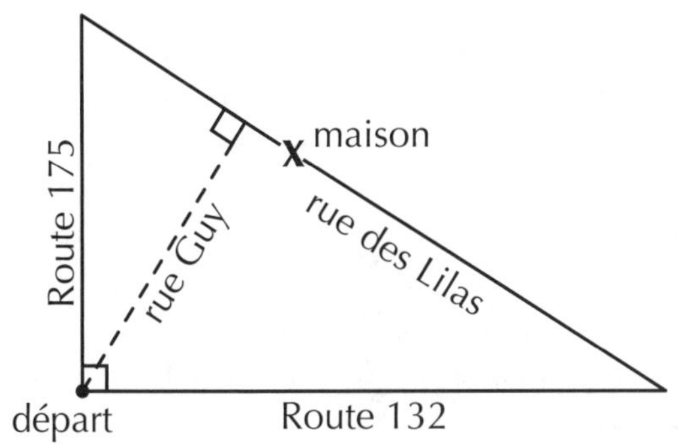

Calculs

4. Déterminer le résultat de la chaîne d'opérations suivante :

$$\frac{25!}{6!(25-6)!} \bullet 10^6 =$$

5. Pour savoir si la puissance au bâton du joueur de baseball Moises Alou a été constante, on désire mettre en relation le nombre de coups de circuit (CC) qu'il a frappés en fonction du nombre de ses présences au bâton (AB) pour chacune des années où il a joué.

Années	AB (présences au bâton)	CC (coups de circuit)
1992	341	9
1993	482	18
1994	422	22
1995	344	14
1996	540	21
1997	538	23
1998	584	38
2000	454	30
2001	513	27
2002	484	15
2003	565	22
2004	601	39
2005	427	19
2006	345	22
2007	328	13
2008	49	0

a) Déterminer le coefficient de corrélation de cette relation linéaire.

b) À l'aide la méthode de Mayer, déterminer l'équation de la droite la plus représentative de cette situation.

c) Combien de coups de circuit Moises Alou aurait-il frappés s'il avait obtenu que 250 présences au bâton dans une saison, en raison de blessures ?

d) En excluant l'année 2008, calculer le nombre moyen de présences au bâton ($\overline{AB}$) de Moises Alou au cours de sa carrière ?

e) Après avoir complété le tableau suivant, calculer l'écart-type et l'écart moyen de cette distribution.

Années	AB (présences au bâton)	$\lvert AB_i - \overline{AB} \rvert$	$(AB_i - \overline{AB})^2$
1992	341		
1993	482		
1994	422		
1995	344		
1996	540		
1997	538		
1998	584		
2000	454		
2001	513		
2002	484		
2003	565		
2004	601		
2005	427		
2006	345		
2007	328		
Somme			

Écart moyen	Écart type

6. Soit deux droites dont les équations sont : $2x + 3y - 4 = 0$ et $\frac{x}{3} + y = 1$.

a) Déterminer la pente et l'ordonnée à l'origine de ces deux droites.

$2x + 3y - 4 = 0$	$\frac{x}{3} + y = 1$

b) Déterminer la distance entre le point (5, 5) et l'abscisse à l'origine de la droite d'équation $2x + 3y - 4 = 0$. Arrondir au millième près.

c) Quel est le point de rencontre de ces deux droites ?

d) Déterminer les coordonnées du point situé aux $\frac{5}{6}$ de la distance entre le point de rencontre des deux droites et l'abscisse à l'origine de la droite d'équation $\frac{x}{3} + y = 1$, à partir du point de rencontre.

e) Déterminer l'équation sous la forme générale d'une droite passant par le point (11, 16) et perpendiculaire à la droite d'équation $\frac{x}{3} + y = 1$.

7. Une roulette est composée des nomres de 0 à 36. Un joueur gage 5 $ que la bille de la roulette tombera sur l'un des chiffres suivants : 1, 2, 4 ou 5. Si l'on désire que le jeu soit équitable, quel montant d'argent devrait être à l'enjeu ?

8. Dans un boulier, il y a 4 chiffres et 3 X.

a) Quelles sont les « chances pour » que la première pige soit un X ?

b) Quelle est la probabilité que les deux piges suivantes soient des chiffres, sachant qu'un X avait été tiré précédemment (sans remise) ?

9. Votre grand-mère vous dit : « S'il te reste une carte à jouer dans les mains, il ne peut s'agir simultanément d'un nombre pair et d'un multiple de 5. »

   a) A-t-elle raison ? Sinon, quelles cartes satisfont les deux conditions ?

   b) Les événements « avoir une carte dont le nombre est pair » et « avoir une carte dont le nombre est un multiple de 5 » sont donc ______________________________.

10. Factoriser au maximum les polynômes suivants.

a) $4x^2 - 3x + 0{,}5625$	b) $5x^2 + 9x - 20x - 36$

11. Simplifier l'expression algébrique suivante.

$$\frac{x^2 - 4xy + 4y^2}{4(x-2y)^4} + \frac{x^2 + 3xy - 2xy - 6y^2}{(x-2y)^3} =$$

12. La fonction ci-dessous met en relation l'aire (A) d'un demi-cercle et son diamètre (d) :

$$\mathrm{d} = \sqrt{\frac{8\mathrm{A}}{\pi}}$$

   a) Quel est le diamètre d'un demi-cercle dont l'aire est de 58 dm²? Arrondir au centième près.

   b) Tracer un graphique de cette fonction.

Table de valeurs	

13. Dans une crèmerie, un grand cornet de crème glacée molle coûte 50 % de plus qu'un petit cornet. L'achat de 5 grands cornets et de 2 petits cornets a coûté 19,00 $. Quel est le coût de chacun des deux formats de cornet ?

14. Résoudre l'équation et l'inéquation suivantes.

a) $-(-2\sqrt{5x}) = 8$	b) $-3\sqrt{x} \geq -\frac{22}{3}$

15. Immédiatement après avoir atteint l'âge légal de 12 ans, une personne amorce sa 13e année d'existence. L'âge réel d'une personne est comptabilisé en tenant compte du nombre d'années d'existence, mais également du nombre de mois, jours, etc.

a) Compléter une table de valeurs qui vous aidera à tracer un graphique mettant en relation la xe année d'existence (variable dépendante) et l'âge réel (a) d'une personne entre 0 et 5 ans.

Table de valeurs	

b) Déterminer la règle de cette fonction ; bien identifier les unités de mesure de ses variables.

16. Quelle est l'expression algébrique simplifiée représentant la mesure en centimètres de la cathète d'un triangle rectangle dont l'hypoténuse mesure (0,2x + 0,3) mètres et dont l'autre cathète mesure (10x + 25) centimètres ?

17. Dans une réaction chimique, la masse d'un constituant A diminue de 40 % à toutes les heures. Au départ, 50 mg du constituant A sont présents dans le réacteur. On désire arrêter la réaction lorsqu'il ne restera plus que 1 % de la masse initiale du constituant A dans le réacteur.

   a) Déterminer une relation établissant la variation de la masse (m) en milligrammes du constituant A en fonction du temps (t) en heures.

   b) Après combien de temps la réaction sera-t-elle arrêtée ? Arrondir au millième près.

   c) À mi-chemin entre le début et la fin de la réaction, la masse du constituant A sera-t-elle à mi-chemin entre sa masse initiale et sa masse finale ? Pourquoi ? Sinon, quelle sera cette masse ?

   d) Déterminer les caractéristiques suivantes de cette fonction.

1) Domaine	
2) Image	
3) Signe	
4) Croissance et décroissance	

18. Simplifier l'expression suivante, sachant que l'expression finale ne doit pas contenir d'exposants négatifs.

$$\frac{\sqrt{4a^2b^4}}{8ab^6} \bullet \frac{b^{-3}}{a^{-1}} \bullet (a^2)^2 \bullet a =$$

19. Carole doit payer 120 $ pour une salle dans laquelle elle veut faire une fête de famille. Elle veut demander aux familles une cotisation pour payer les frais de location de la salle : 3 $ par adulte et 1 $ par enfant. Soit x le nombre d'adultes et y le nombre d'enfants participant à cette fête, combien d'enfants et d'adultes Carole doit-elle inviter si elle désire au moins rentabiliser le prix de la salle ?

Table de valeurs et calculs	

20. Roger veut lancer une roche, sur laquelle est inscrit un message, par-dessus une muraille de 12 mètres de hauteur. La trajectoire suit la relation suivante : $y = -0{,}25x^2$

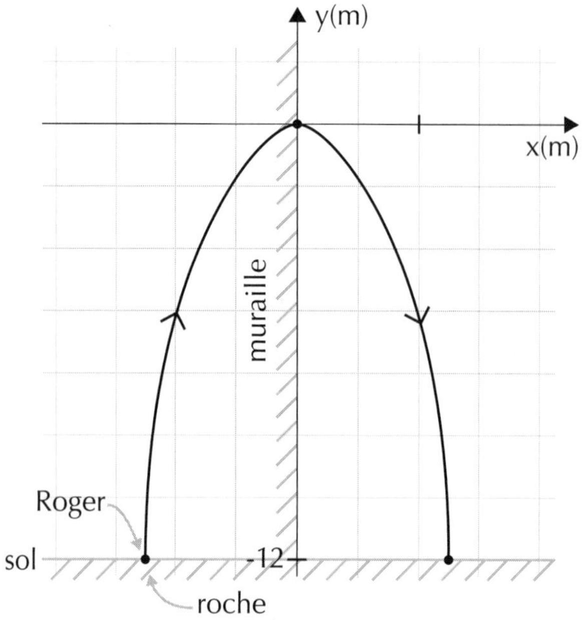

a) Déterminer la distance entre la muraille et Roger. Arrondir au centième près.

b) Déterminer les caractéristiques demandées de cette fonction.

1) Domaine	
2) Image	
3) Signe	
4) Croissance et décroissance	
5) Axe de symétrie (équation)	

c) Déterminer la distance de la roche par rapport au mur lorsqu'elle est à une altitude de plus de 10 mètres par rapport au sol. Arrondir au centième près.

21. Dans une entrée d'autoroute, une voiture accélère constamment de telle sorte qu'après 6 secondes, elle a déjà parcouru 100 mètres. La voiture poursuit son chemin à vitesse constante (120 km/h). Le plan cartésien ci-dessous met en relation la distance parcourue par la voiture en fonction du temps.

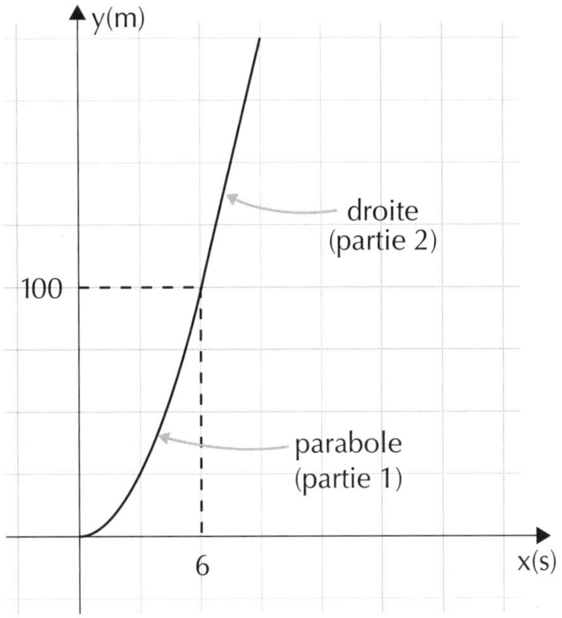

a) Déterminer les caractéristiques suivantes de cette fonction.

1) Domaine	
2) Image	
3) Signe	
4) Croissance et décroissance	
5) Zéro	
6) Extremums	
7) Ordonnée à l'origine	

b) Déterminer la règle de chacune des parties de la fonction.

Partie 1 (b = 1)	Partie 2

c) Quelle distance la voiture a-t-elle parcourue après :

i) 3 secondes ?	ii) 1 minute ?

corrigé

Page 27

1. a) x^8 b) $10a^3b^4$ c) $0{,}75y^3$ d) $\frac{18}{x^2}$ e) $\frac{1}{3x}$ f) $16x^{a+7}y^5$ g) 2^{2a} h) a^8b^6
   i) $\frac{y}{x^4}$ j) $60x^6y^9$ k) x l) x^4 m) $x^{\frac{5}{6}}$ n) $\frac{1}{x}$ o) $\frac{y}{x^{\frac{1}{3}}}$ p) $4ab$ q) $\frac{125a^5}{b^8}$ r) $a^{2/5}$
2. a) $\log_4 64 = 3$ b) $\log_{\frac{1}{3}} y = x$ c) $\log z = y$
3. a) $c^{y+1} = x$ b) $10^3 = 1000$ c) $3^4 = 9^2$
4. a) 1,585 b) 2,322 c) -1,771 d) -0,5

Page 28

5. a) $x = 7$ b) $x = -2$ c) $x = 0{,}5$ d) $x = 4$ e) $x \approx 2{,}792$ f) $x = 2{,}5$
6. a) $P = 10\,000(1{,}035)^t$ b) 10 350 habitants c) 14 106 habitants
   d) 7 089 habitants e) 2 016 f) 2 030

Test 1 – page 29

1. a) Vraie b) Fausse
2. a) $x \approx -1{,}192$ b) $x \approx -1{,}515$
3. a) $4x^{\frac{11}{6}}y^{\frac{7}{6}}$ b) $729x^2y^{16}$
4. 9,903 années

Page 30

1. a) $24a^2b - 8a^3b$
   b) $-2{,}5x^2 - xy^2 + 1{,}5x$
   c) $-3a^3 - 5a^2b^2 + a^2 + 3ab + 5b^3 - b$
   d) $15x^3 + 5x^2y - 40x^2 + 6x + 2y - 16$
   e) $x^2 - x + 2xy - 4y - 2$
   f) $x^2 - 2x - xy + y + 1$
   g) $10x^2 - x + 10xy - 11y - 11$
   h) $3x^2 - 3x - 3y + 3x^2y$
   i) $8x^2y^3 + 8xy + 4x^2y^2 + 4x - 2xy^3 - 2y$
   j) $a^2 - b^2$
   k) $\frac{40a^2}{3}$
   l) $4x^2 + 12x + 9$
   m) $a^6 + 3a^4b^2 + 3a^2b^4 + b^6$
   n) $4x^2 - 24x^2y + 12x + 36x^2y^2 - 36xy + 9$
   o) $y^2 - 2y + 1$
   p) $x^3 + 3x$

Page 31

2. a) $x + 4{,}5$ b) $x - 4$ c) x reste 1 d) $0{,}5x - 2{,}75$ reste 4,75 e) $x^2 - x + 1$
   f) $x + 2y + 3$ g) $5x^2 - 3x + 4$ h) $2x^2 - 3x + 8$ i) $3a - 2ab$ j) $5x + 1$

Page 32

3. $(x^2 + 8x + 16)$ cm²
4. $(x + 1)$ cm
5. a) $\pi(x^3 - 3x - 2)$ m³ b) $\pi(4x^2 + 2x - 2)$ m²
6. $(7x^2 + 24x + 10)$ m²
7. $(6x^2 + 24x + 24)$ cm²

Test 2 – page 33

1. a) $x^2 - 4x - 12$ b) $9x^3 + 27x^2 + 27x + 9$
2. a) $4a + 3x$ b) $2x - 3$
3. a) $\sqrt{5x^2 - 12x + 20}$ b) $5x^2 + 2x - 24$

Page 34

1. a) $(x - 1)^2$ b) $(7 + b^2)(7 - b^2)$ c) $(3xy + 10)(3xy - 10)$ d) $(10x^2 + 9)^2$
   e) $2(6a - 1)(2a + b)$ f) $(6x^3 - y)(3x + 1)$ g) $(x^2 + 4)(x + 2)(x - 2)$
   h) $(4xy + z^2)(7z^2 - 1)$ i) $2y(x - 2)(x^2 - 3)$ j) $2(4x + 5)(4x - 5)$
   k) $(x + 5)(x - 1)$ l) $a(a + 1)(a - 1)$ m) $y(2x + y)$ n) $8x(x^2 + 1)$ o) $4ab$
   p) $6(x + 3)(y - 2)$

Pages 35

2. a) $\frac{3x}{2y}$ b) $\frac{x-2}{x+2}$ c) $\frac{x-y}{2x+1}$ d) $\frac{4x}{9}$ e) $\frac{x+1}{y+5}$ f) $\frac{x+7}{x+1}$ g) $\frac{x(x-3)}{x+3}$
   h) $\frac{8x}{2x^2+3}$ i) $\frac{2x-3}{4x^2+9x}$ j) $\frac{5-x^3}{2y+1}$

Pages 36

3. a) $\frac{9x}{2}$ b) $\frac{(x+1)(x-2)}{2x^2(x-1)}$ c) $\frac{x^2-2x+3}{x-1}$ d) $\frac{x-1}{x+2}$ e) $\frac{5x+10}{(x+3)^2}$
   f) $\frac{7a-2}{(a+1)(a-1)}$ g) $2(x + 2)$ h) -1 i) $\frac{x^2-9x}{(x+1)(x-3)}$ j) $\frac{3(x+5)}{x(x+3)}$

Test 3 – page 37

1. a) $y(x + 2)(2x - 7y)$ b) $8(x - 3)^2$ c) $(11x + 12y)(11x - 12y)$
   d) $x(x - 10)$ e) $x(x^2 + 1)(x + 1)(x - 1)$ f) $(2x + 3)(2x - 3)$
2. a) $\frac{x+4}{x-4}$ b) $\frac{(10xy+9)(10xy-9)}{(100x^2y^2+81)}$
3. a) $\frac{x^2+4}{2x(x+2)(x-2)^2}$ b) $\frac{3a-88}{(a+5)(a-5)}$

Page 38

1. a) $y > -3x + 5$ b) $y \leq 4x - 8$ c) $y > \frac{2}{3}x + 2$
   d) $y \geq 0{,}5x - 5$ e) $y > -6x - 24$ f) $y \leq 0$
2. a) $y \geq 0{,}25x - 2$ b) $y < -3x - 3$
3.

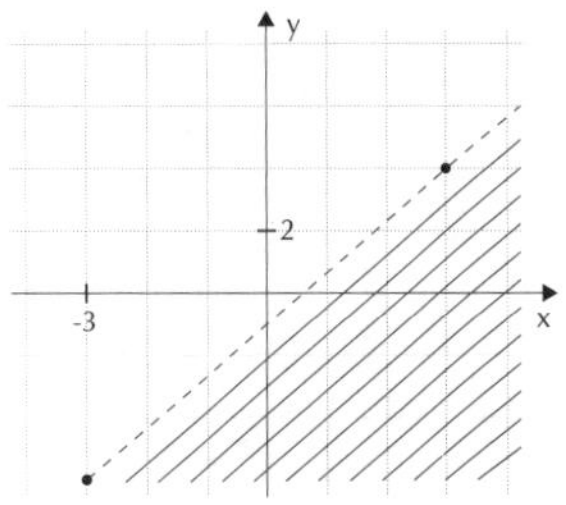

Page 39

4. a)

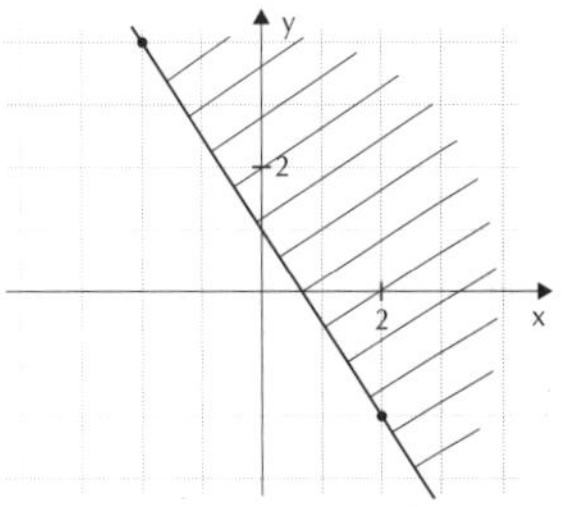

b)

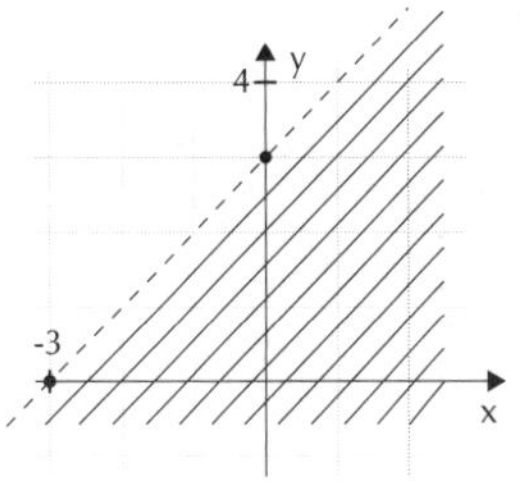

c)

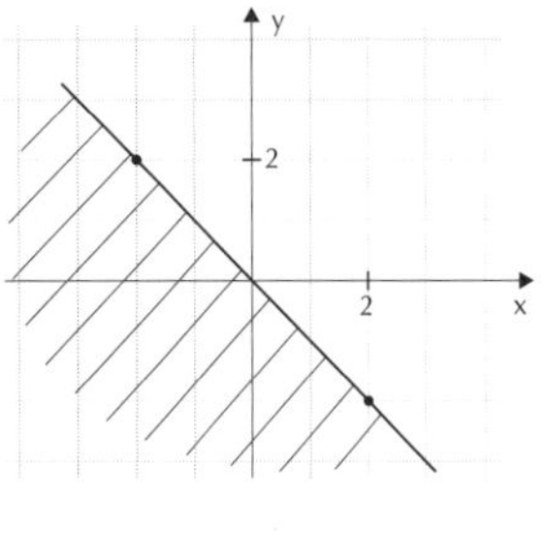

corrigé

Page 40

5. $5x + 2y < 100$
6. a) $0{,}25x + 0{,}50y \geq 7{,}50$
   b)

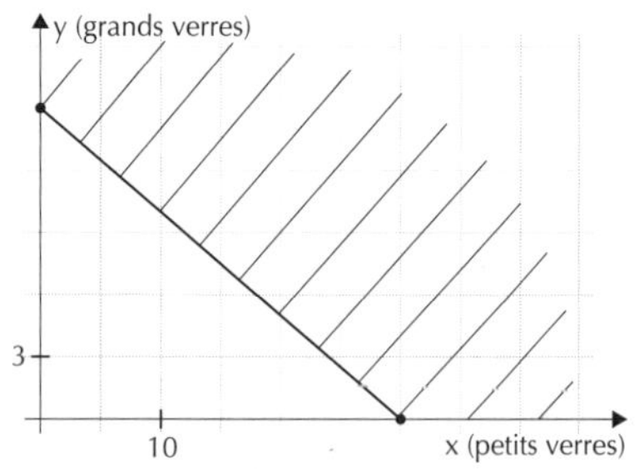

   c) 18 petits verres

Test 4 – page 41

1.

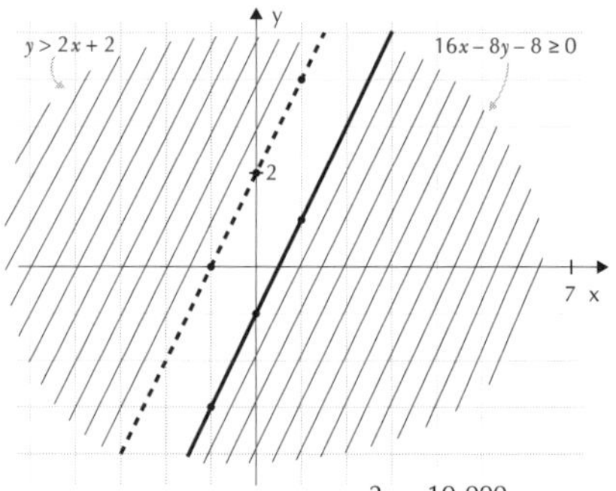

2. a) $0{,}08x + 0{,}12y \leq 400$ b) $y \leq -\frac{2}{3}x + \frac{10\,000}{3}$
   c) La jeep n'a pas roulé en janvier.

Page 42

1. a) $(x, y) = (8, 20)$ b) $(x, y) = (-4, -4)$ c) $(x, y) = (2{,}75, 0{,}25)$
   d) $(x, y) = (-8, -3)$ e) $(x, y) = (4, 2)$ f) $(x, y) = (7, 4)$

Page 43

2. a) $(x, y) = (5{,}25, 0{,}25)$ b) $(x, y) = \left(\frac{45}{14}, \frac{71}{14}\right)$ c) $x, y) = \left(\frac{-13}{3}, \frac{-13}{3}\right)$
   d) $(x, y) = (0{,}25, 1{,}9)$ e) $(x, y) = (1, 2)$ f) $(x, y) = (3, 0)$

Page 44

3. 10,00 $
4. 375 adultes
5. 26 orignaux et 54 cerfs de Virginie

Test 5 – page 45

1. a) $(x, y) = (-1, 7)$ b) $(x, y) = \left(\frac{22}{3}, \frac{-29}{6}\right)$
2. 0,12 $ / minute (jours de la semaine)
   0,05 $ / minute (fin de semaine)

Page 46

1. a) $x = 225$ b) Ø c) $x = 16$ d) Ø e) $x = 0$
   f) $x = 0$ g) $x = 72$ h) $x = -243$ i) Ø j) $x = \frac{64}{9}$
   k) Ø l) $x = \frac{49}{16}$ m) Ø n) $x = 2$ o) $x = -\frac{20}{9}$
   p) $x = -264{,}5$ q) Ø r) Ø

Page 47

2. a) [0, 64[b)]5,76, +∞[c) [0, 49] d) [0, +∞[
   e) {0} f)]0, +∞[g) [42,25, +∞[h)]-∞, -87,5[
   i) [0, +∞[j) Ø k) [0, +∞[l) [0, 23,4256[
   m) $[-\frac{4}{3}, 0]$ n) $]-\frac{4}{11}, 0]$

Page 48

3. 132,73 cm²
4. a) $x = 0{,}375$ b) $x = 0$ c) $x = \frac{25}{6}$ d) Ø
5. 37,5 mètres

Test 6 – page 49

1. a) $x = 0{,}0625$ b) Ø c) [0, +∞[d) $[-\frac{1}{288}, 0]$
   e) $x = 50\,625$ f) $x = -2$ g) $[\frac{16}{13}, +\infty[$ h) [0, +∞[
2. 2,011 m²

Page 50

1. a) $x = \pm 4$ b) $x \approx \pm 6{,}928$ c) $x = 0$
   d) Ø e) $x = \pm 10$ f) $x \approx \pm 4{,}243$
   g) $x \approx \pm 0{,}655$ h) $x \approx \pm 8{,}062$ i) $x = \pm 1$
   j) $x \approx \pm 1{,}054$ k) $x \approx \pm 4{,}243$ l) Ø

Page 51

2. a)]-1,871, 1,871[b)]-∞, -1] U [1, +∞[c) $[-\frac{3}{4}, \frac{3}{4}]$
   d)]-5, 5[e) Nombres réels f) Ø

Page 52

3. a) $C = 50c^2$ (C s'exprime en $; c s'exprime en mètres)
   b) 5,477 m c) [40, +∞[m²
4. a) $A_b = 2\pi r^2$ b) 3,989 cm c) 35,45 m

Test 7 – page 53

1. a) $x = \pm 3$ b) $x \approx \pm 0{,}8944$ c)]-∞, -0,277] U [0,2774, +∞[
2. a) 1,552 s b) 4,909 s

Page 54

1. a) 1) [0, +∞[kg
   2) [0, +∞[$
   3) 0
   4) 0
   5) Positive (sauf à 0)
   6) 0 $: minimum
   7) Croissante
   8) –

   b) 1) [0, 12] h
   2) [0, 12] $
   3) 0
   4) 0
   5) Positive (sauf à 0)
   6) 0 $: minimum
   12 $: maximum
   7) Croissante
   8) –

   c) 1) [0, +∞[h
   2) {0, 5$, 10$, 15$}
   3) 0
   4) 0
   5) Positive (sauf à 0)
   6) 0 $: minimum
   15 $: maximum
   7) Croissante
   8) –

   d) 1) Nombres réels
   2)]-∞, 0[
   3) –
   4) -4
   5) Négative
   6) –
   7) Croissante
   8) $y = 0$

Page 55

2. a) 1)]-∞, 0]
   2) [0, +∞[
   3) 0
   4) 0
   5) Positive (sauf à 0)
   6) 0 : minimum
   7) Décroissante
   8) –

   b) 1) {1, 2, 3, 4} joueurs
   2) [60, 220] $
   3) –
   4) –
   5) Positive
   6) 60 $: minimum
   220 $: maximum
   7) Décroissante
   8) –

   c) 1) [-π, 2π]
   2) [-2, 2]
   3) $\{-\frac{\pi}{2}, \frac{\pi}{2}, \frac{3\pi}{2}\}$
   4) 2
   5) $]-\frac{\pi}{2}, \frac{\pi}{2}[$ et $]\frac{3\pi}{2}, 2\pi]$: positive
   $[-\pi, -\frac{\pi}{2}[$ et $]\frac{\pi}{2}, \frac{3\pi}{2}[$: négative
   6) -2 : minimum
   2 : maximum
   7) [-π, 0] et [π, 2π] : croissante
   [0, π] : décroissante
   8) –

   d) 1) Nombres réels
   2) 50
   3) –
   4) 50
   5) Positive
   6) 50 : minimum
   50 : maximum
   7) Aucune
   8) –

Page 56

3. a)

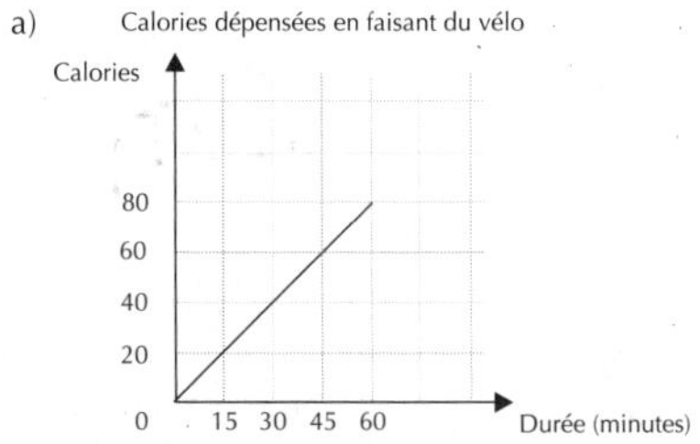

b) Domaine : [0, 60] min Image : [0, 80] calories
c) Oui (0)
d) 80 calories : calories brûlées en 60 minutes
e) Croissante : logique, car la dépense calorique est proportionnel au nombre de minutes de vélo
f) 0 : logique, pas de vélo ⇔ pas de dépenses caloriques
g) Domaine : [30 min, 60 min] Image : [40 cal, 80 cal]
Minimum : 40 calories
Maximum et croissance : aucun changement
Pas de zéro

Test 8 – page 57

1. a) 1) [0, 12]
2) [0, 4] $
3) 0 et 12
4) 0
5) Positive, sauf $x = 0$ et 12
6) 0 : minimum
4 : maximum
7) [0, 2] : croissant
[2, 12] : décroissant
8) –

b) 1)]-∞, 0[
2) Nombres réels
3) -10
4) –
5)]-∞, -10[: négative
]-10, 0[: positive
6) –
7) Croissante
8) x = 0

2. 1) [0, 6] années 2) [1 000, 1 340,10] $ 3) 1 000 $ 4) – 5) Positive
6) 1 000 $ (minimum) / 1 340,10 $ (maximum) 7) Croissante

Page 58

1. a) 1) 3
2) -0,5
3) (0, 0)
4) 0
5) x = 0
6) Minimum = 0
7) 0
8) [-∞, 0] : décroissante
[0, +∞[: croissante
9) Nombres réels
10) [0, +∞[
11) Positive (sauf à 0)

b) 1) -4
2) 1
3) (0, 0)
4) 0
5) x = 0
6) Maximum = 0
7) 0
8)]-∞, 0] : croissante
[0, +∞[: décroissante
9) Nombres réels
10)]-∞, 0]
11) Négative (sauf à 0)

2.

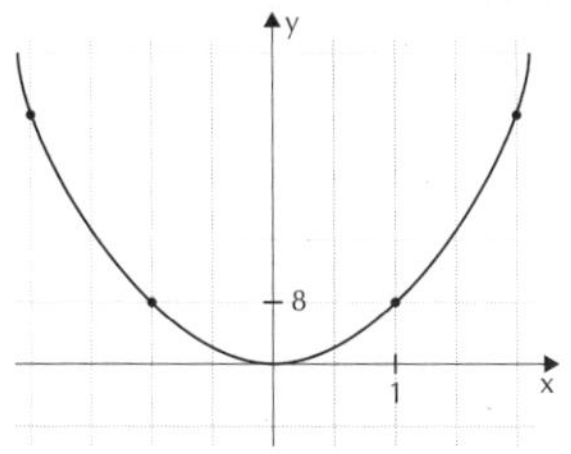

3. a = -4 et ? = -36

Page 59

4. a) a = -0,25 b) a = 10

5. a)

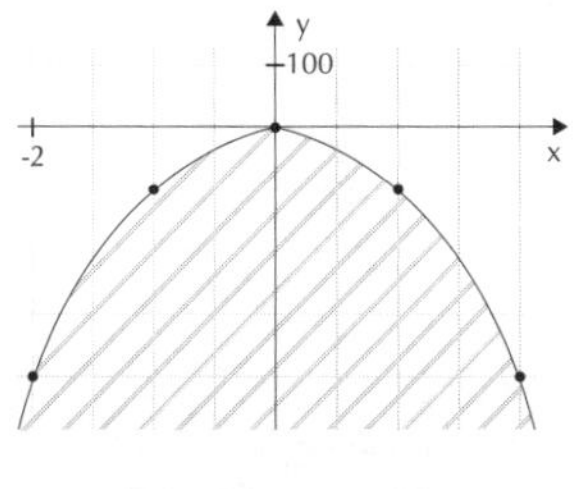

b)

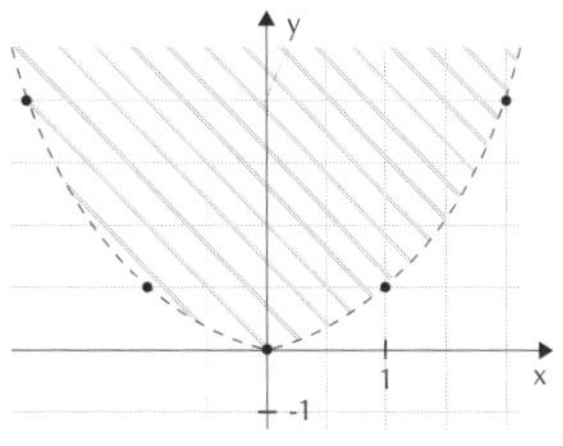

Page 60

6. a) $M = 2{,}50c^2$ (M en $; c en mètres)

b)

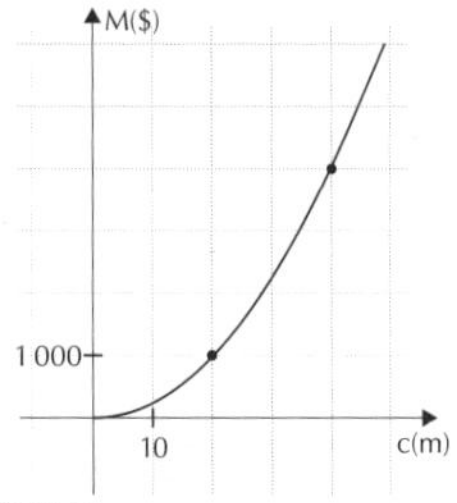

c) 1) 2,50
2) 0
3) Minimum = 0 et Maximum = 6 250 $
4) Croissante
5) [0, 50] m
6) [0, 6 250] $
d) 92 m

Test 9 – page 61

1. a)

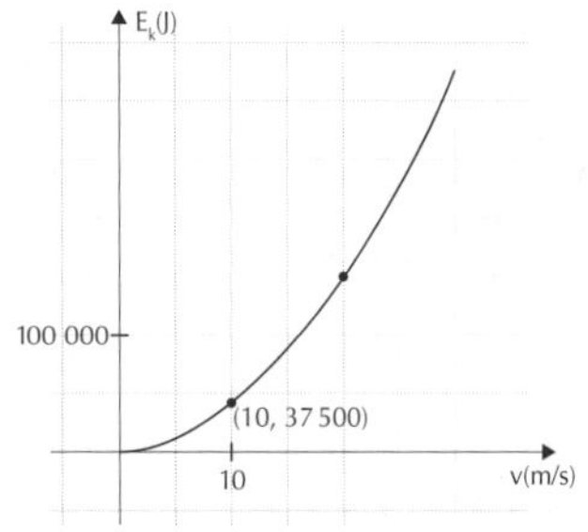

b) 375 c) [0, 337 500] J d) 51,96 m/s

Page 62

1. a) 1) 2
2) 5
3) (0, 0)
4) 0
5) Minimum = 0
6) 0
7) Croissante
8) [0, +∞[
9) [0, +∞[
10) Positive (sauf à 0)

b) 1) $-\frac{2}{3}$
2) $-\frac{9}{7}$
3) (0, 0)
4) 0
5) Maximum = 0
6) 0
7) Croissante
8)]-∞, 0]
9)]-∞, 0]
10) Négative (sauf à 0)

c) 1) -1
2) 0,5
3) (0, 0)
4) 0
5) Maximum = 0
6) 0
7) Décroissante
8) [0, +∞[
9)]-∞, 0]
10) Négative (sauf à 0)

d) 1) 1
2) -1
3) (0, 0)
4) 0
5) Minimum = 0
6) 0
7) Décroissante
8)]-∞, 0]
9) [0, +∞[
10) Positive (sauf à 0)

2. a) a = ∅ b = 0 c = 8 d = 18 e = 32
b) a = 80 b = -4 c = 8 d = 0 e = ∅

corrigé

Page 63

3. a)

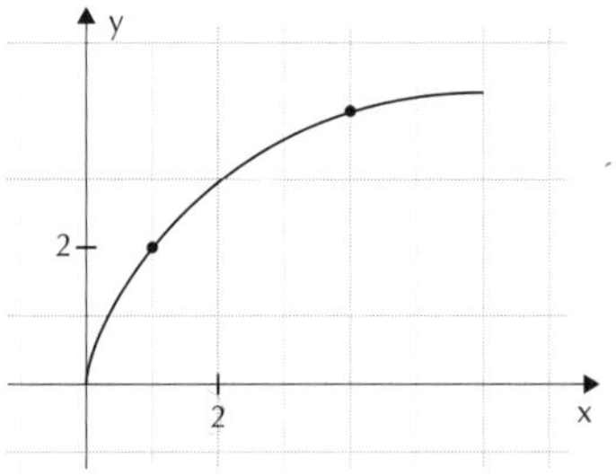

b)

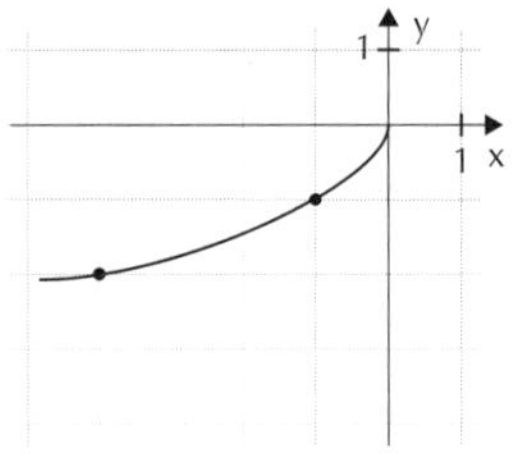

c)

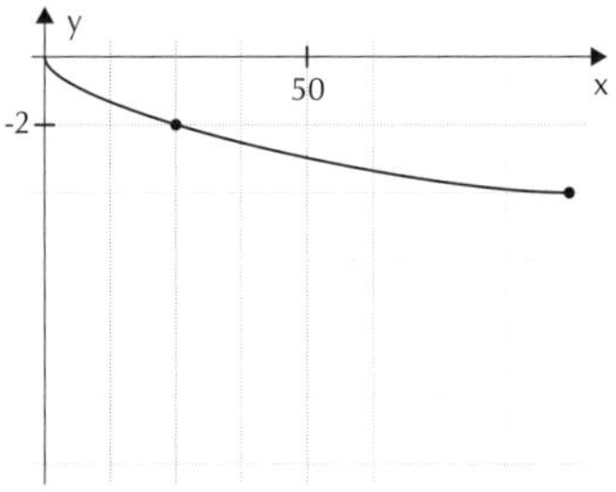

Page 64

4. a)

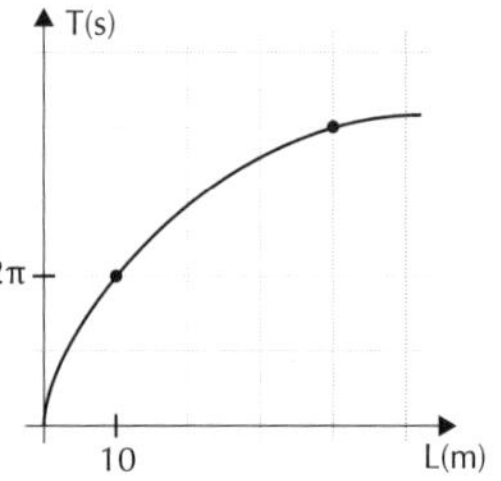

b) 1) 2π 2) 0,1 3) 0 4) Croissante

c) 6,883 s

d) 16,21 m

Test 10 – page 65

1. a)

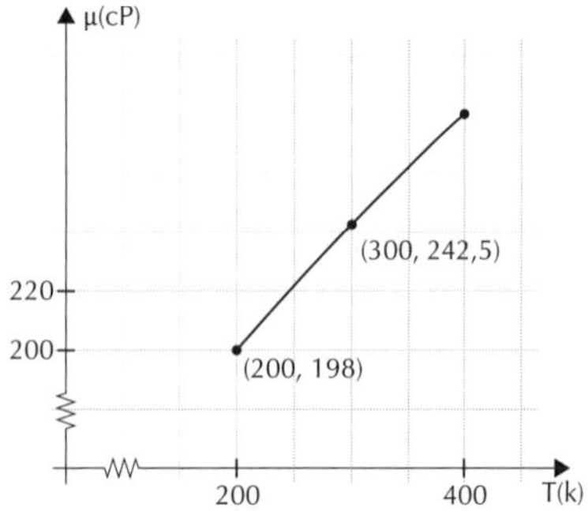

b) Oui, minimum = 198 cP et maximum = 280 cP

c) 323,2 cP d) 1 276 K

Page 66

1. a) 1) 2
   2) 4
   3) 3
   4) 2
   5) Croissante
   6) Nombres réels
   7)]0, +∞[
   8) Positive

   b) 1) -3
   2) -1
   3) $\frac{4}{7}$
   4) -3
   5) Décroissante
   6) Nombres réels
   7)]-∞, 0[
   8) Négative

   c) 1) 1
   2) 4
   3) 0,9
   4) 1
   5) Décroissante
   6) Nombres réels
   7)]0, +∞[
   8) Positive

   d) 1) 1 000
   2) 1
   3) 2
   4) 1 000
   5) Croissante
   6) Nombres réels
   7)]0, +∞[
   8) Positive

2.

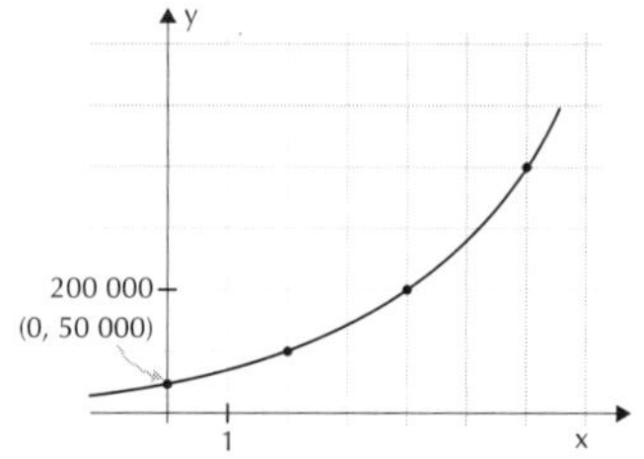

Page 67

3. a) $V = 150\,000\,(1{,}02)^t$
   V : valeur de la maison ($)
   t : temps écoulé depuis 2008 (années)

   b) 182 849,16 $ c) 2043

4. a) $V = 20\,000\,(0{,}8)^t$ (V en $; t en années)
   b) 3,106 années
   c) Non, V s'approche de 0, sans y parvenir (asymptote)
   d) 2 147,48 $

Page 68

5. a) $n = 1\,000 \cdot 2^{2t}$

   b)

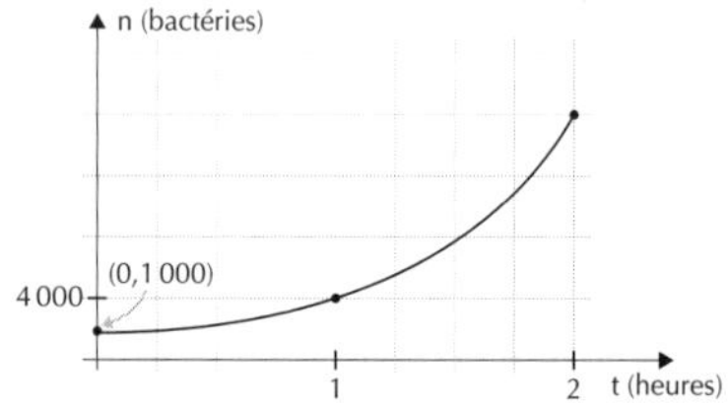

   c) 1) 1 000 2) 2 3) 2 4) 1 000 bactéries 5) Croissante
   6) [0, +∞[heures 7) [1 000, +∞[bactéries 8) Positive

   d) 8 000 bactéries

   e) 3,322 heures

Test 11 – page 69

1. 1) 3 2) -2 3) 0,25 4) 3 5) Croissante
   6) Nombres réels 7)]0, +∞[8) Positive
   9)

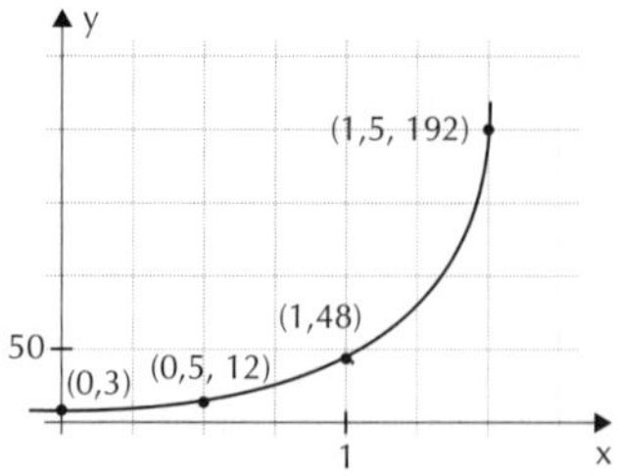

2. a) $m = 20(0{,}5)^{3t}$ b) 7,071 grammes c) 2,548 heures

Page 70

1. a) 15 b) 2 c) -3 d) -1 e) 0 f) 0 g) -2 h) 3

2. a) 1) 2
   2) 3
   3) 2
   4) $\frac{1}{3}$
   5) $[0, \frac{1}{3}[$
   6) 0
   7) Croissante
   8) Nombres réels
   9) 2n (n = entier)

   b) 1) $-\frac{1}{2}$
   2) 1
   3) $\frac{1}{2}$
   4) 1
   5) [0, 1[
   6) 0
   7) Décroissante
   8) Nombres réels
   9) $-\frac{n}{2}$ (n = entier)

   c) 1) -1 500
   2) -1
   3) 1 500
   4) 1
   5)]-1, 0]
   6) 0
   7) Croissante
   8) Nombres réels
   9) -1 500n (n = entier)

   d) 1) 1,5
   2) -4
   3) 1,5
   4) 0,25
   5)]-0,25, 0]
   6) 0
   7) Décroissante
   8) Nombres réels
   9) 1,5n (n = entier)

3. Minimum = 2 et Maximum = 18

Page 71

4. a) $f(x) = -5[-\frac{2}{3}x]$ b) h(x) = 8[0,1x]

5. a)

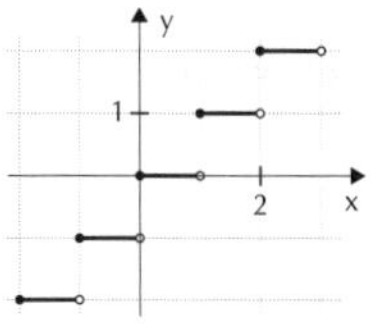

b)

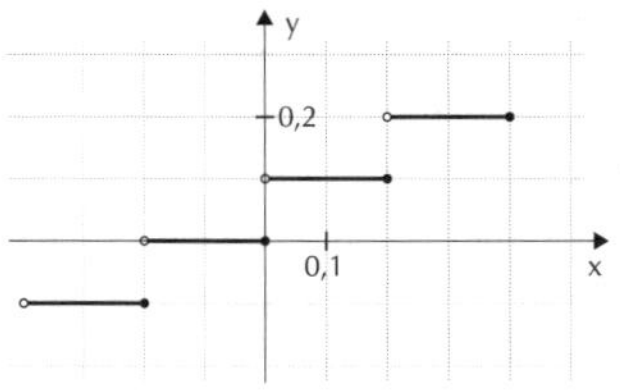

Page 72

6. a)

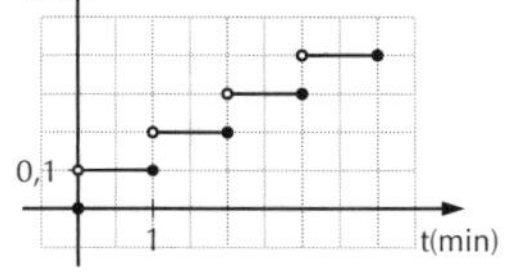

b) C = -0,1[-t] ; (C en $; t en minutes)

c) 1) -0,1 2) -1 3) 0,1 4) 1 5) 0 6) 0
7) Croissante 8) [0, +∞[min 9) 0,1n (n = entier ≥ 0)

d) 3,00 $ e) 11,00 $

Test 12 – page 73

1. a)

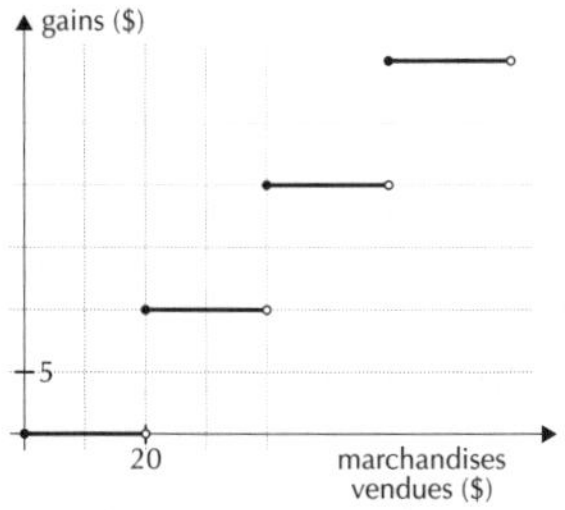

b) G = 10[0,05M]
G = gains ($) et M = marchandises vendues ($)

c) domaine = [0, 1 000] $
image = 10n $ (n = entier ; 0 ≤ n ≤ 50)

d) 410 $ e) 410 $

Page 74

1. a) 12 km b) 6 km/h

c)

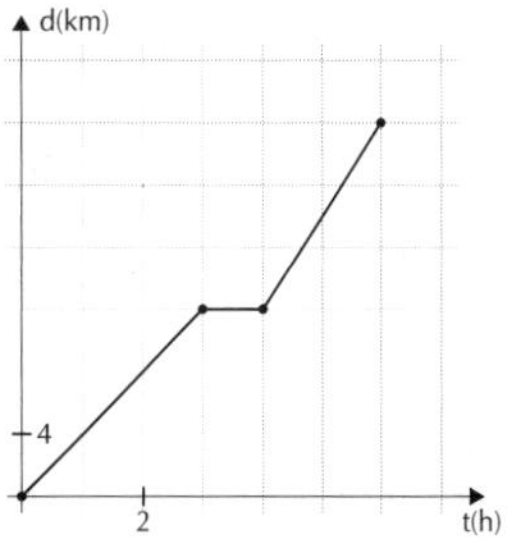

d) Domaine : [0, 6] heures ; Image : [0, 24] km

e) #1 : d = 4t ; [0, 5]h #2 : d = 12 ; [3, 4]h #3 : d = 6t – 12 ; [4, 6]h

Page 75

2. a) #1 : v = 70 ; [5, 15]s #2 : v = -14t + 280 ; [15, 20]s

b) (15 s, 70 km/h)

c) Temps = 10 secondes Distance = 194 mètres

d) Domaine : [0, 20] secondes Image : [0, 70] km/h

e) 70 km/h (vitesse maximale et constante)

f) Croissante (accélération)
Décroissante (ralentissement)

Page 76

3. a)

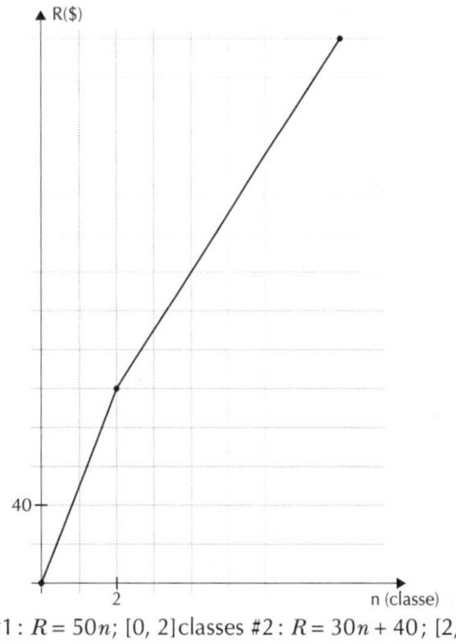

b) #1 : $R = 50n$; [0, 2]classes #2 : $R = 30n + 40$; [2, 8]

c) (2 classes, 100 $) d) 280 $ e) 36,67 $ / classe f) $\left(-\frac{4}{3}\text{ classes, } 0\ \$\right)$

Test 13 – page 77

1. a)

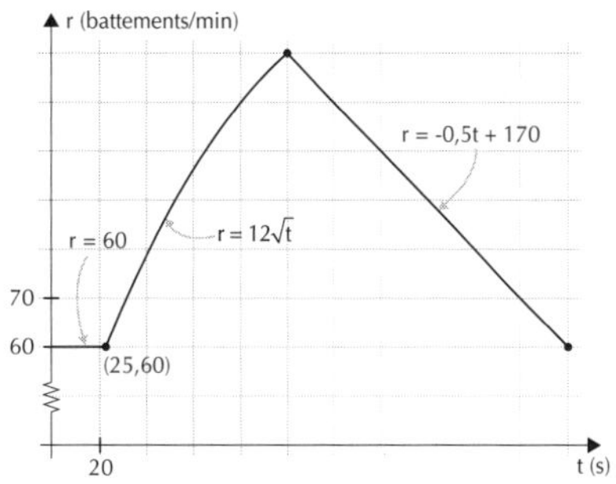

b) 120 battements/minute c) 220 secondes

Page 78

1. a) $y = -\frac{2}{3}x + \frac{1}{3}$ b) $y = -0{,}5x + 0{,}5$ c) $y = -4$ d) $y = -x$

2. a) m = 2 b = 5 a = -2,5
b) m = 0 b = 3 a = Ø

c) m = indéterminé b = Ø a = 1
d) m = $-\frac{50}{7}$ b = $\frac{13}{7}$ a = 0,26

3. a) $y = 0{,}6x - 0{,}6$ b) $y = 0{,}5x$
4. $y = -1{,}5x + 5{,}5$

Page 79

5. a) $(x, y) = (-1{,}6, -0{,}6)$ b) $(x, y) = \left(-\frac{4}{9}, \frac{16}{9}\right)$ c) Ø d) infinité de points
6. $y = -\frac{1}{3}x + \frac{4}{3}$
7. $y = -0{,}5x - 2{,}5$
8. Oui, pentes semblables ($m = \frac{2}{3}$)
9. Oui, les deux paires de points ((-2, 3); (3, 1)) et ((1, -4); (-9, 0)) forment des droites parallèles (m = -0,4).

Page 80

10. Triangle rectangle en (4, 3).
11. a) $y = x + 11$ $y = -0{,}375x - 5{,}5$ $y = -1{,}75x - 11$ b) $y = \frac{8}{3}x + \frac{73}{3}$

Test 14 – page 81

1. $y = -0{,}75x - 1{,}75$ m = -0,75 b = -1,75 $a = -\frac{7}{3}$
2. a) (-3, 0,5) b) (3, -7)
3. a) $y = 2{,}4x$ b) $y = 2{,}4x + 5$

Page 82

1. a) 6,708 b) 7,28 c) 8,944 d) 4,441
2. $x_1 = \pm 6$
3. a) 10,82 b) $y_3 \approx \pm 10{,}05$ c) 2,259

Page 83

4. Restaurant B (5,099 vs 6,083)
5. a) 11,66 b) 36,64 c) 53,4
6. a) Toutes les distances sont de 4,472 b) 20

Page 84

7. a) 7,071 b) 16,97 c) 12
8. 1,442 km
9. a) 848,5 pieds b) 64 800 $

Test 15 – page 85

1. a) 1,346 b) 9,849
2. a) 100,5 b) 32
3. a) 350,4 km b) 250,3 km

Page 86

1. a) (-0,8, 4,8) b) (-0,5, 5) c) $\left(2, \frac{20}{3}\right)$ d) (2,5, 7) e) (1, 6) f) $\left(\frac{3}{4}, \frac{35}{6}\right)$ g) $\left(\frac{7}{8}, \frac{71}{12}\right)$

Page 87

2. a) $\left(\frac{9}{7}, \frac{950}{7}\right)$ b) (1,4, 150)
3. (3,5, 4) est le point milieu des deux diagonales.
4. La distance entre Mont-Laurier et la halte routière est plus courte (130,4 vs 134,2)

Page 88

5. (-1,5, 1,5)
6. a) (8, 220) b) (-28, 220)
7. $x_1 = \frac{38}{9}$ et $v_2 = \frac{65}{9}$
8. m = 3 et n = 5

Test 16 – page 89

1. $\left(-0{,}2, \frac{23}{15}\right)$
2. (2, 4,5)
3. a = 7 et b = 12
4. (56, 0)

Page 90

1. a) 0,9231 b) 0,3846 c) 2,4 d) 0,3846 e) 0,9231 f) 0,4167
2. a) ∠C = 45° b = 6 cm c = 8,485 cm
   b) ∠B = 40° c = 5,362 cm b = 4,5 cm
   c) ∠B = 34,8° ∠C = 55,2° c = 11,489 cm

Page 91

3. Non, car $\overline{BC}$ = 4,349 et $\overline{DC}$ = 4,83 (rectangle) ou ∠BDC = 42° ≠ 45° (rectangle)
4. Non (66,9°)
5. a) 6,335 m b) 6,238 m

Page 92

6. 5,57 m
7. 27,71 m²
8. a) 74,31 m b) 129,6 m c) 173 m

Test 17 – page 93

1. 118,6 mm²
2. 130,6 m
3. 38,08 m

Page 94

1. $\overline{AB}$ = 8,216 $\overline{AC}$ = 3,674 $\overline{AD}$ = 3,354 $\overline{CD}$ = 1,5
2. $\overline{AD}$= 2,4 $\overline{BD}$ = 3,2 $\overline{CD}$ = 1,8 $\overline{BC}$ = 5
3. $\overline{AB}$= 12 $\overline{AD}$ = 4,615 $\overline{BD}$ = 11,077 $\overline{CD}$ = 1,923

Page 95

4. $\overline{AB}$ = 30 m $\overline{AC}$ = 22,5 m $\overline{BD}$ = 24 m $\overline{CD}$ = 13,5 m
5. Hauteur du mât = 7,97 m
   A (grande voile) = 28,78 m² A (petite voile) = 15,22 m²
6. 4,888 m

Page 96

7. $\overline{BE}$ = 19,97 $\overline{EF}$ = 16,64
8. Grande : 8,5 dm Petite : 7,06 dm
9. Grand : 256 m² Petit : 64 m²

Test 18 – page 97

1. $\overline{AB}$ = 9,014 $\overline{AC}$ = 6,009 $\overline{BC}$ = 10,833 $\overline{CD}$ = 3,333
2. 25,76
3. 2,846

Page 98

1. a) 10,75 b) -8,571
2. a) 20 ans b) 69,38 c) 1,78

Page 99

3. a) 59,1875
   b) $\sum|x_1 - \bar{x}| = 104{,}625$ $\sum(x_1 - \bar{x})^2 = 1\,088{,}4375$
   c) EM = 6,539 σ = 8,248
4. 5,614

Page 100

5. a) 1,727 b) $\sum f|x_1 - \bar{x}| = 39{,}635$ $\sum f(x_1 - \bar{x})^2 = 106{,}5$ c) EM = 1,2 σ = 1,8

Test 19 – page 101

1. a) -3,429 °C b) $\sum(x_1 - \bar{x})^2 = 179{,}7$ σ = 5,067 °C
2. $\sum f|x_1 - \bar{x}| = 254{,}14$ EM = 0,363

Page 102

1. a) Niveau parfait Sens positif r = 1
   b) Niveau parfait Sens négatif r ≈ -0,99

Page 103

2. a) iveau nul r ≈ -0,15 b) Niveau fort Sens positif r ≈ 0,96

Page 104

3. a) Niveau parfait Sens négatif r ≈ -0,99
   b) Niveau moyen Sens positif r ≈ 0,79

Test 20 – page 105

4. a) Niveau parfait Sens positif r ≈ 0,99
   b) Niveau fort Sens négatif r ≈ -0,84

Page 106

1. a) M = -0,1659t + 154,4 b) M = -0,1417t + 151 c) 151 lbs d) 177 min

Page 107

2. a) n = 44,77T – 466 b) n = 47,62T – 517 c) 26,6 °C d) 1 011 personnes

Page 108

3. a) H = -3,567n + 35,8 b) H = -3,231n + 34,54 c) 9,14 h d) 60,6 h

Test 21 – page 109

1. a) S = 5 370,37n – 20 046 b) S = 5 555,56n – 22 500
   c) i. 92 732 $ ii. 94 167 $

Page 110

1. a) exponentielle b) racine carrée c) polynomiale du 2e degré
   d) racine carrée

Page 111

2. polynomiale du 2e degré
3. exponentielle

Page 112

5. a) 120 b) 479 000 880 c) 4 322 d) 40 302 e) 593 775 f) 2 161
6. a) 13 983 816 b) 85 900 584 c) 58 905

Test 22 – page 113

1. racine carrée
2. a) 48 b) 6 720 c) 39 916 800 d) 40 e) 1 947 792 f) 744 g) Ø h) $\frac{29}{30}$

Page 114

1. a) NE b) NE c) E d) NE e) NE f) E g) NE h) NE i) E j) NE
2. a) Ø b) roi de pique, roi de trèfle c) 130 d) 6 e) 2 de cœur, 2 de carreau

Page 115

3. a) $\frac{25}{52}$ b) $\frac{9}{13}$ c) $\frac{15}{26}$ d) $\frac{3}{13}$ e) 1 f) $\frac{27}{52}$ g) $\frac{7}{13}$ h) $\frac{4}{13}$

Page 116

4. a) 30,25 % b) 20,25 % c) 49,5 % d) 79,75 %
5. 55 enfants morts
6. $\frac{14}{25}$
7. 9,3 %

Test 23 – page 117

1. a) Exclusifs b) Exclusifs c) Non mutuellement exclusifs (6 de cœur, 6 de carreau, dame de cœur, dame de carreau)
2. a) oui b) $\frac{4}{13}$
3. a) 0,58 % b) 89 %

Page 118

1. a) 45 % b) 47 % c) 67,5 %
2. a) $\frac{1}{5}$ b) $\frac{3}{5}$

Page 119

3. a) $\frac{1}{3}$ b) $\frac{2}{3}$ c) $\frac{5}{9}$
4. a) $\frac{1}{46}$ b) $\frac{44}{45}$ c) 0

Page 120

5. a) $\frac{1}{59}$ b) $\frac{12}{59}$ c) $\frac{1}{46}$
6. a) $\frac{11}{17}$ b) $\frac{10}{51}$

Test 24 – page 121

1. a) 9,58 % b) 84,81 %
2. $\frac{5}{9}$

Page 122

1. a) 25 pour 11 b) 17 contre 1 c) $\frac{25}{36}$ d) 52,78 $
2. 3 pour 5

Page 123

3. 2,00 $
4. a) 15 875 pour 12 433 b) 80,1 ans

Page 124

5. a) 12 contre 1 b) 0,25 $
6. a) 3,02 b) 0,56 $ c) 138,67 $

Test 25 – page 125

1. Chances pour : 8 pour 19
   Chances contre : 19 pour 8
   Probabilité : $\frac{8}{27}$
2. a) 1 pour 2 b) 125 $
3. a) 3 contre 17 b) 1 000 $

Examen final

Page 126

1. $\frac{11}{25}$
2. racine carrée

Page 127

3. a) 52,13° b) 27,63 km
4. $1{,}771 \times 10^{11}$

Page 128

5. a) 0,813 b) CC = 0,0463AB + 0,4409 c) 12 coups de circuit
   d) 464,5 présences

Page 129

e) EM = 78,8 présences σ = 90,6 présences

6. a) Droite : $2x + 3y - 4 = 0$
   (pente = $-\frac{2}{3}$ et ordonnée à l'origine = $\frac{4}{3}$)
   Droite : $\frac{x}{3} + y = 1$
   (pente = $-\frac{1}{3}$ et ordonnée à l'origine = 1)

Page 130

b) 5,831 c) $\left(1, \frac{2}{3}\right)$ d) $\left(\frac{8}{3}, \frac{1}{9}\right)$ e) $3x - y - 17 = 0$

7. 46,25 $
8. a) 3 pour 4 b) $\frac{2}{5}$

Page 131

9. a) Non, toutes les cartes numérotées 10 b) non mutuellement exclusifs
10. a) $(2x - 0{,}75)^2$ b) $(x - 4)(5x + 9)$
11. $\frac{1 + 4x + 12y}{4(x - 2y)^2}$
12. a) 12,15 dm

b)

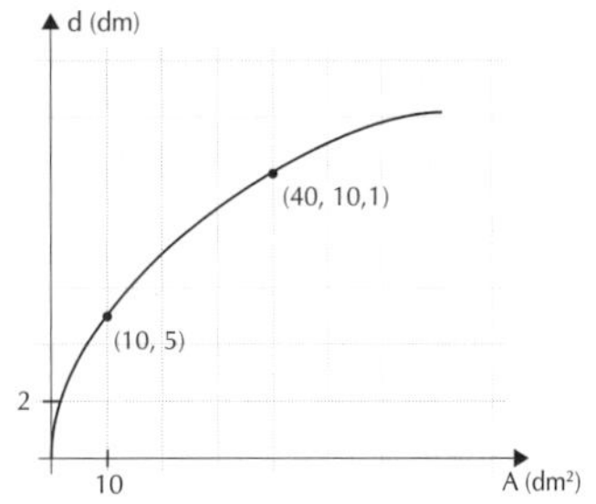

Page 132

13. 2 $ (petit cornet) et 3 $ (grand cornet)
14. a) $x = 3{,}2$ b) $\left[0, \frac{484}{81}\right]$
15. a)

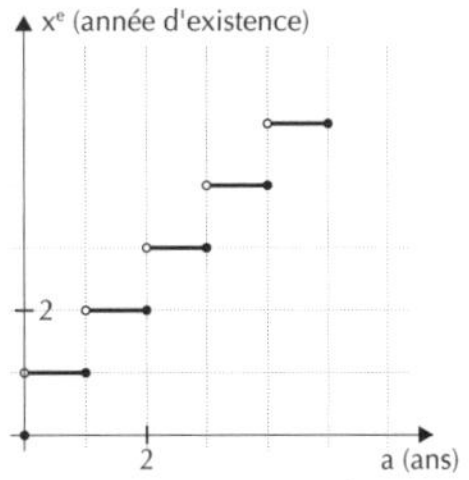

b) $x^e = -[-a]$; (x^e en année d'existence ; a en ans)

Page 133

16. $\sqrt{300x^2 + 700x + 275}$
17. a) $m = 50(0{,}6)^t$ b) 9,015 h c) Non, 5 mg
    d) 1) [0, 9,015] h 2) [0,5, 50] mg 3) Positive 4) Décroissante
18. $\frac{a^6}{4b^7}$

Page 134

19.

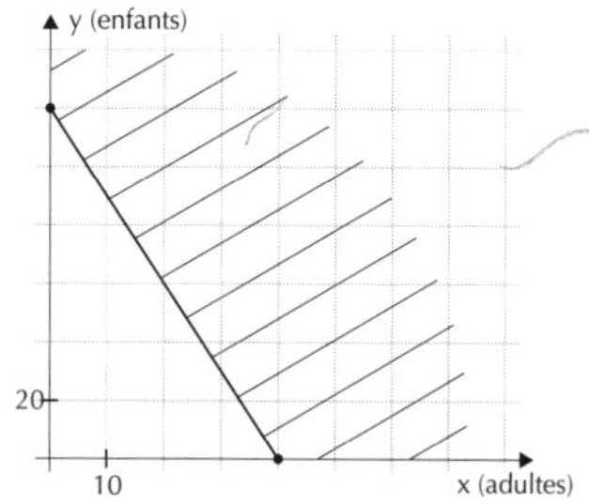

20. a) 6,93 m

Page 135

b) 1) [-6,93, 6,93] m 2) [-12, 0] m 3) Négative (sauf à $x = 0$)
4) Croissante : [-6,93, 0] m Décroissante : [0, 6,93] m 5) $x = 0$

c) Une distance de moins de 2,83 m, de chaque côté

21. a) 1) [0, +∞[s 2) [0, +∞[m 3) Positive (sauf à $x = 0$) 4) Croissante
5) 0 6) 0 (minimum) 7) 0

Page 136

b) Partie 1 : $y = \frac{25}{9}x^2$ Partie 2 : $y = \frac{100}{3}x - 100$

c) i. 25 m ii. 1 900 m